Atunci când Ray Ortlund vorbește, eu ascult. Generația mea a crescut în cunoștință, dar are nevoie de aromă. Păstorul Ray ne oferă acest lucru. Ia această resursă și deschide-ți urechile ca să auzi ceva din partea unui om care explică profunzimi teologice însoțite de harul Evangheliei."

Eric M. Mason, *Păstor Principal,*
Epiphany Fellowship, Philadelphia,
Pennsylvania; Președinte, Thriving;
Autorul cărții Manhood Restored

„Nu bisericile fac ca Evanghelia să fie adevărată, dar atunci când „dulceața Domnului" este peste noi, biserica devine o mărturie puternică a harului lui Dumnezeu. Cu realism și speranță, Ray Ortlund ne vorbește despre felul în care harul poate să se înmulțească printre noi – așa, zdrobiți cum suntem – pentru ca gloria lui Hristos să radieze din noi."

Bryan Chapell, *Președinte Emerit,*
Covenant Theological Seminary;
Păstor Senior, Grace Presbyterian Church,
Peoria, Illinois

„Ray Ortlund ne aduce reflecția biblică profundă despre felul cum doctrina evanghelică trebuie să conducă la o cultură evanghelică, alături de citate alese din scrierile marilor sfinți din istoria bisericii. Aceasta este o lectură obligatorie pentru orice biserică ce dorește mai degrabă să îi ajute decât să îi împiedice pe cei pierduți să fie atrași de Hristos."

Craig L. Blomberg,
Profesor de Noul Testament,
Denver Seminary

„Irezistibilă. Convingătoare. Încurajatoare. Pătrunzătoare. Mai presus de orice, deschizătoare pentru minte. Ce viziune frumoasă asupra a ceea ce poate fi biserica, prin puterea Evangheliei! Cât de evident este că Evanghelia a pătruns adânc în inima lui Ortlund. Citiți această carte. Rugați-vă pentru succesul ei. Cereți-I lui Dumnezeu să folosească mesajul ei cu putere în biserica voastră și în multe alte biserici."

Thomas R. Schreiner,
Profesor James Buchanan Harrison
în Interpretarea Noului Testament,
The Southern Baptist Theological Seminary

„În noua lui carte, păstorul și teologul Ray Ortlund scoate la lumină frumusețea Veștii Bune. Iar o biserică ce nu întruchipează această bunătate în viața congregației, spune el, subminează însăși Evanghelia pe care o predică. Acesta este un bun argument și vrednic de luat în seamă."

Mark Dever, *Păstor Senior,*
Capitol Hill Baptist Church, Washington D.C.;
Președinte, 9Marks

„În această carte incisivă, autorul face lucrarea necesară și convingătoare de a conecta Evanghelia dătătoare de viață la experiența trăită și mărturia Bisericii. Viziunea lui pentru cultura evanghelică ce înflorește în terenul bogat al învățăturii Evangheliei îi va atrage pe cei ce doresc să vadă lumea captivată de Hristos."

Stephen T. Um, *Slujitor Senior,*
Citylife Presbyterian Church, Boston, Massachusetts;
Co-autor al cărții Why Cities Matter

9Marks:
Zidind Biserici Sănătoase

ZIDIND BISERICI SĂNĂTOASE

EVANGHELIA

BISERICA ÎNTRUCHIPEAZĂ FRUMUSEȚEA LUI HRISTOS

RAY ORTLUND
Cuvânt înainte de J.I. Packer

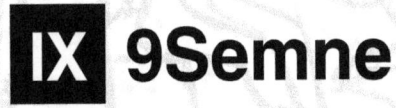

IX 9Semne

EVANGHELIA. BISERICA ÎNTRUCHIPEAZĂ FRUMUSEȚEA LUI HRISTOS

Copyright © 2014 Ray Ortlund
Publicat de 9Semne
    525 A Street NE
    Washington, DC 20002

Toate drepturile rezervate. Nicio parte a acestei publicații nu poate fi reprodusă, stocată în vreun fel sau transmisă în orice formă ori prin orice mijloace, electronice, mecanice, prin fotocopiere, înregistrare etc., fără permisiunea prealabilă din partea editorului, cu excepția situațiilor prevăzute în legislația SUA privind drepturile de autor.

Design copertă: Dual Identity, inc.
Ilustrațiile pe copertă: Wayne Brezinka, pentru brezinkadesign.com

Prima ediție, 2014

Dacă nu este precizat altfel în text, citatele biblice sunt preluate din Biblia Cornilescu, ediția revizuită. Drepturi de autor British and Foreign Bible Society (BFBS) și Societatea Biblică Interconfesională din România (SBIR) 1924, 2016. Folosit cu permisiune.
Referințele biblice notate cu NTR sunt preluate din Biblia, Noua Traducere Românească (NTR). Copyright 2007, 2010, 2016 de BIblica Inc. Toate drepturile sunt rezervate. Folosit cu permisiune.
Referințele biblice notate cu SBB sunt preluate din Biblia Societății Biblice Britanice, ediția 1921. Preluat cu permisiune.

Toate sublinierile făcute textului biblic aparțin autorului.

9Marks ISBN: 978-1-950396-56-6

CUPRINS

PREFAȚA SERIEI 11
CUVÂNT ÎNAINTE 13
INTRODUCERE 17

CAPITOLUL 1
EVANGHELIA PENTRU TINE 25

CAPITOLUL 2
EVANGHELIA PENTRU BISERICĂ 49

CAPITOLUL 3
EVANGHELIA PENTRU ORICE 63

CAPITOLUL 4
CEVA NOU 81

CAPITOLUL 5
NU-I UȘOR, DAR E POSIBIL 99

CAPITOLUL 6
LA CE NE PUTEM AȘTEPTA 119

CAPITOLUL 7
CALEA ÎNAINTE 133

MULȚUMIRI SPECIALE 155
NOTE 157

PREFAȚA SERIEI

Crezi că este responsabilitatea ta să ajuți la zidirea unei biserici sănătoase? Dacă ești creștin, credem că da.

Isus îți poruncește să faci ucenici (Matei 28:18-20). Iuda spune să ne zidim unii pe alții în credință (Iuda 20-21). Petru te cheamă să îți folosești darurile, slujind pe alții (1 Petru 4:10). Pavel te îndeamnă să spui adevărul în dragoste, astfel încât biserica ta să se maturizeze (Efeseni 4:13, 15). Poți vedea direcția către care se îndreaptă aceste lucruri?

Indiferent dacă ești un simplu membru în biserică sau un lider al ei, seria de cărți „Zidind Biserici Sănătoase" are ca scop să te ajute să împlinești astfel de porunci biblice și, în felul acesta, să joci rolul pe care-l ai de jucat în zidirea unei biserici sănătoase. Dacă ar fi să exprimăm acest deziderat în alt fel, sperăm că aceste cărți te vor ajuta să crești în dragoste față de biserica ta, iubind-o așa cum Isus o iubește.

9Marks și-a planificat să publice câte o carte scurtă, ușor de citit, pentru fiecare din ceea ce Mark a denumit Cele 9 Semne ale Unei Biserici Sănătoase, plus încă una pe tema doctrinei sănătoase. Citește cărțile pe temele predicării expozitive, a teologiei biblice, a Evangheliei, convertirii, membralității în biserică, disciplinei bisericii, ucenicizării și creșterii spirituale, și conducerii bisericii.

Bisericile locale există pentru a arăta slava lui Dumnezeu înaintea popoarelor. Noi facem acest lucru ațintindu-ne ochii asupra Evangheliei lui Isus Hristos, punându-ne credința în El în ce privește mântuirea și apoi iubindu-ne unii pe alții în sfințenia lui Dumnezeu, în unitate și dragoste. Ne rugăm ca această carte să te ajute în acest sens.

Cu speranță,

Mark Dever și Jonathan Leeman
Editorii seriei

CUVÂNT ÎNAINTE

În modalitatea lui rea, Satana este un strateg viclean. C. S. Lewis ne reamintea acest lucru în cartea lui, The Screwtape Letters (în limba română, Scrisorile lui Zgândărilă), iar apostolul Pavel n-a uitat niciodată de asta (ex. 2 Corinteni 2:11; 11:14). Sherlock Holmes vorbea despre profesorul Moriarty ca despre „Napoleonul crimei", așa că și noi am face bine să ne gândim la Satana ca fiind „Napoleonul păcatului". Satana stă mereu activ, ținând pasul cu Dumnezeu și căutând cu viclenie să distrugă lucrarea lui Dumnezeu și să răstoarne planurile Lui de a face bine poporului Său și de a aduce laudă Numelui Său. De aceea, Biserica trebuie să fie în război constant cu Satana, întrucât Satana este întotdeauna în stare de război cu ea – anume cu noi, cei care credem.

EVANGHELIA

În zilele noastre, Dumnezeu reînnoiește în Biserică o preocupare pentru cunoașterea mai profundă a adevărului Său din Scriptură și a dragostei Sale în Hristos. Totuși, se observă deja că Satana caută să deturneze această preocupare prin a provoca neca-zuri în adunările care o întruchipează. Mai mult decât atât, putem fi siguri că el va continua să facă asta, atâta vreme cât dorința de împrospătare în învățătura sănătoasă va continua să existe. De aceea, cărțile care cheamă la o credință cristocentrică, autentică, manifestată în frumusețea vieții cristice – cărți ca aceasta – devin instrumente foarte importante în slujba cauzei creștine din aceste vremuri.

Pare dincolo de orice îndoială faptul că noi, credincioșii, nu ne gândim suficient de des sau suficient de profund la cultura congregațiilor noastre. Cultura, un cuvânt împrumutat din sociologie, are sensul de stil de viață public, care întruchipează o gândire și niște convingeri împărtășite în comun. Cultura unei biserici ar trebui să fie ortopraxia care întruchipează ortodoxia ei. Ea ar trebui să fie precum dragostea jertfitoare de sine pentru alții și care, la rândul ei, reflectă dragostea jertfitoare a lui Isus Hristos, Mântuitorul și Domnul nostru, pentru noi.

Autorul ne face aici un serviciu bun și necesar, reîmprospătându-ne realitatea acestui lucru, a chemării noastre culturale, și reamintindu-ne că gândirea și credința creștină minus cultura creștină nu înseamnă altceva decât ipocrizie autentică. Fie ca aceste cuvinte să fie auzite și puse la inimă.

J.I. Packer
Profesor de Teologie în Consiliul de Conducere,
Regent College

INTRODUCERE

> Evangelion (ceea ce noi numim „Evanghelia") este un termen din limba greacă, având sensul de veste bună, veselă, plăcută și fericită, care face ca inima omului ce o primește să fie încântată, și care îl determină să cânte, să danseze și să sară în sus de bucurie."[1]
>
> *William Tyndale*

William Tyndale, traducătorul pionier al Bibliei în limba engleză, a scris aceste cuvinte încântătoare în anul 1525. Și le-a pecetluit cu o moarte de martir. Dar ce lume poate fi aceasta în care trăim, care să urască atât de mult un lucru atât de fericit! Dar așa stau lucrurile în realitate.

EVANGHELIA

Așa cum arăta Tyndale, însăși forma termenului grecesc tradus prin „Evanghelie" are sensul de Veste Bună.[2] Evanghelia nu este totuna cu Legea, ca să ne ceară să plătim pentru a fi beneficiarii ei. Evanghelia este un anunț de bun venit, declarând că Isus a plătit totul. Este ca un apel telefonic așteptat de multă vreme. Când telefonul sună în final, ridicăm receptorul în grabă și primim acel apel. Această Evanghelie este un mesaj care trebuie propovăduit și crezut (Marcu 1:14-15). Este esența întregii Biblii (Galateni 3:8). Ea vine de sus, de la Dumnezeu (Galateni 1:11-12), și este vrednică de toată credința noastră (Filipeni 1:27-30).

Această Veste Bună înseamnă mai mult decât o emoție pozitivă. Acest mesaj are un conținut specific. El poate și trebuie să fie definit, și asta doar din Biblie. Fiecare generație de oameni trebuie să-și ridice Bibliile și să redescopere pentru ei înșiși Evanghelia, propovăduind iarăși mesajul străvechi în cuvintele lor, pentru vremurile lor. Astăzi ne aflăm tocmai într-o vreme a redescoperirii active a Evangheliei, și este un lucru încântător să fii implicat în aceasta.

Iată care este esența mesajului în jurul căruia se strâng cei ce cred în Biblie:

> „Prin viața perfectă, moartea ispășitoare și învierea trupească a lui Isus Hristos, Dumnezeu îi salvează de la mânia lui Dumnezeu pe toți aleșii Lui, aducându-i la pace cu Dumnezeu, și dându-le o promisiune de restaurare deplină, veșnică, a ordinii creației Sale – totul spre lauda slavei harului Său."

INTRODUCERE

Salvarea de la judecata lui Dumnezeu și aducerea în părtășie cu Dumnezeu sunt în întregime lucrarea lui Dumnezeu. Ele nu vin de la noi. Iar aceasta este cu adevărat o veste bună! Aceasta este Evanghelia ce e cunoscută astăzi în lume și predicată cu sinceritate în bisericile noastre.

CEVA PROBLEMATIC

Dar aici există ceva problematic. Dacă un mesaj atât de bun este definitoriu în bisericile noastre, de ce vedem atâtea lucruri rele în aceleași biserici – de la conflicte până la plictiseală? Unde este puterea mântuitoare a Evangheliei? Dacă Vestea Bună este ceea ce stabilește tonul, de ce nu vedem mai mulți ca Tyndale, dansând, cântând și săltând de bucurie în bisericile noastre?

În cartea sa profetică Witness, Whitaker Chambers vorbește despre o tânără femeie din Germania, al cărei tată fusese un înverșunat activist comunist. Apoi el a devenit brusc un puternic opozant al comuniștilor. De ce? Iată răspunsul ei: „Veți râde de mine, dar nu trebuie să râdeți de tatăl meu. Într-o noapte, pe când se afla în Moscova, a auzit țipete. Asta-i tot. Pur și simplu a auzit țipete într-o noapte."[3]

Astăzi se petrece același lucru în bisericile noastre. Oamenii vin să audă Vestea Bună. Dar aud țipete. Aud strigăte de disperare și necaz în biserici care, în teorie, predică Evanghelia, dar în realitate produc durere. Acest lucru este șocant, dar nu este nicidecum nou. Profetul Isaia scria:

EVANGHELIA

„Via Domnului oștirilor este casa lui Israel, și bărbații lui Iuda sunt vița pe care o iubea. El se aștepta la judecată, și când colo, iată sânge vărsat! Se aștepta la dreptate, și când colo, iată strigăte de apăsare!" (Isaia 5:7).

Oare cât de mulți oameni din orașele noastre nu sunt foști creștini, sau chiar opozanți ai creștinismului, și asta datorită faptului că au ajuns cândva în biserici pentru auzi „vestea bună, de mare bucurie" (Luca 2:10, GBVN), dar care au fost alungați de-acolo datorită luptelor și necazurilor?

Haideți să nu plecăm de la prezumția că bisericile noastre sunt credincioase Evangheliei. Haideți să cercetăm să vedem dacă așa stau lucrurile. Dacă ne gândim bine, „orice instituție tinde să-și producă opusul ei"[4]. O biserică posesoare a adevărului Evangheliei în teologia ei poate să producă opusul Evangheliei în practica ei. Domnul înălțat spunea uneia dintre bisericile Sale: „zici: 'Sunt bogat, m-am îmbogățit, și nu duc lipsă de nimic', și nu știi că ești ticălos, nenorocit, sărac, orb și gol" (Apocalipsa 3:17). Problema nu era legată de ce credea ea din punct de vedere doctrinar, ci de ceea ce deveniseră membrii ei, personal, în practică; și nici măcar nu conștientizau asta. Totuși, Domnului îi era evident: „știu faptele tale" (Apocalipsa 3:15). De aceea, ei aveau nevoie să meargă la Hristos cu o umilință, deschidere și onestitate împrospătate.

INTRODUCERE

TESTUL UNEI BISERICI CENTRATE PE EVANGHELIE

La scurt timp după criza credinței care i-a afectat viața, criză produsă de urâțenia practică pe care o vedea în denominația sa, Francis Schaeffer scria un articol intitulat „Cum ar trebui confruntată erezia". Iată, mai jos, principala idee din acest articol:

> „Obiectiviul final nu este să dovedim că oamenii sunt greșiți, ci să îi câștigăm pentru Hristos. De aceea, singura strategie apologetică de succes, și cea finală, constă în primul rând dintr-o afirmare clară, intelectuală, a ceea ce este greșit în învățătura falsă, plus o întoarcere clară, intelectuală, la mesajul scriptural adecvat, în toată vitalitatea lui și în relația lui cu credința creștină deplină, plus demonstrarea lui în viață, anume a faptului că acest mesaj scriptural corect și dătător de viață satisface nevoile și aspirațiile autentice ale oamenilor într-o modalitate în care mesajul contrafăcut al Satanei nu o face."[5]

Așadar, testul unei biserici centrate în Evanghelie stă în doctrina de pe hârtie plus cultura Evangheliei pusă în practică – „demonstrarea lui în viață, anume a faptului că acest mesaj scriptural corect și dătător de viață satisface nevoile și aspirațiile autentice ale oamenilor". Atunci când cultura evanghelică a unei biserici s-a pierdut, sau n-a existat niciodată, singurul remediu se găsește la picioarele lui Hristos. Acea biserică are nevoie de o redescoperire proaspătă a Evangheliei Lui, în toată frumusețea ei. Are nevoie de a reconsidera, cu rugăciune, tot ceea ce crede și practică. Nimic nu este câștigat prin simpla reambalare a bisericii în forme mai atractive pentru cei din afară.

Mai înainte de toate, Evanghelia lui Hristos trebuie crezută în totalitate și îmbrățișată în bisericile noastre. Acest lucru este mult mai profund decât o tresăltare momentană de entuziasm. *Nevoia vremurilor noastre constă în nimic mai puțin decât re-creștinarea bisericilor noastre, doar în acord cu Evanghelia, atât în doctrină cât și în cultură* (pe parcursul cărții, autorul folosește termenul „cultură", care are sensul de sistem de credințe asumate și aplicate în viața practică a bisericii, n.tr.), *și asta de Însuși Hristos*. Doar frumusețea lui Hristos ne va fi astăzi suficientă, chiar dacă ceea ce o biserică reînnoită ar putea fi, în prezent, trece dincolo de imaginația noastră.

SCOPUL ACESTEI CĂRȚI

Astfel, scopul acestei cărți este unul simplu. Vreau să arăt cum Hristos pune frumusețea Lui în bisericile noastre prin intermediul Evangheliei Sale. Aceasta explică titlul acestei cărți: Evanghelia – Biserica întruchipează frumusețea lui Hristos. Frumusețea este puternică. Bisericile noastre tânjesc după ea. Tu și eu ne-o dorim. Și putem să ne ajutăm bisericile să o vadă. Noi suntem cei ce deținem,

INTRODUCERE

doar în Evanghelie, resursele minunate, practice și roditoare ale lui Dumnezeu, care ne fac capabili să Îl arătăm pe Hristos printre noi. Și, citind cartea aceasta, sper că vei te vei descoperi încântat de frumusețea lui Hristos. Acesta este țelul meu final.

Așa că, această carte este una care vorbește despre Evanghelie. Mai specific, este o carte despre cum Evanghelia poate să contureze viața și cultura bisericilor noastre, așa încât să Îl arătăm pe Hristos așa cum este El în realitate, conform Evangheliei Lui.

Cred că remarca ironică a lui A.W. Tozer, făcută în urmă cu o generație, rămâne valabilă și azi: „O trezire generală care să fie caracterizată de felul de creștinism pe care-l cunoaștem astăzi în America se va dovedi o tragedie morală din care nu ne-am putea recupera nici într-o sută de ani"[6]. Ce anume se află în bisericile noastre și care merită să supraviețuiască? Ce se găsește în bisericile noastre care poate supraviețui? Indiferent de denominație, orice biserică lipsită de Evanghelia lui Hristos, fie în doctrină, fie în cultură, va ajunge inevitabil la colaps sub presiunile extreme ale vremurilor noastre.

Cu ani în urmă, tatăl meu spunea într-o predică: „doar o biserică trează... doar oamenii care se află într-o stare de trezire își vor putea face un cort deasupra acestei societăți"[7]. Doar Evanghelia lucrează cu puterea lui Dumnezeu. Orice altceva, orice alt lucru va fi măturat, și pe bună dreptate.

EVANGHELIA

Să dăm deoparte toate lucrurile mărunte și, cu rugăciune, să venim înaintea Domnului, redescoperind Evanghelia Sa puternică, atât cât mai este vreme!

CAPITOLUL 1

EVANGHELIA PENTRU TINE

„Fiindcă atât de mult a iubit Dumnezeu lumea, că a dat pe singurul Lui Fiu, pentru ca oricine crede în El, să nu piară, ci să aibă viața veșnică" (Ioan 3:16).

Învățătura Evangheliei creează o cultură a Evangheliei. Învățătura harului creează o cultură a harului.

Atunci când doctrina este clară iar cultura este frumoasă, acea biserică va fi puternică. Dar nu există scurtături pentru a ajunge acolo. În lipsa doctrinei, cultura va fi slabă. Fără cultură, doctrina pare lipsită de sens.

Doctrina Evangheliei, alături de cultura Evangheliei, este profetică. Francis Schaeffer scria:

EVANGHELIA

„Nimeni nu poate explica dinamita explozivă, *dunamis*-ul bisericii primare, separat de faptul că aceasta practică simultan două lucruri – ortodoxia doctrinei și ortodoxia comunității - în mijlocul bisericii vizibile, o comunitate pe care lumea o poate vedea. De aceea, prin harul lui Dumnezeu, biserica trebuie să fie cunoscută simultan pentru puritatea doctrinei ei și pentru realitatea practică din comunitatea ei. Bisericile noastre au fost văzute mult prea adesea doar ca niște locuri ale predicării, cu foarte puțin impact asupra comunității, însă manifestarea în practică a dragostei Lui Dumnezeu este frumoasă și trebuie să existe."[1]

Cuvintele „prin harul lui Dumnezeu", ale lui Schaeffer, sunt cruciale. Avem nevoie de putere din afara noastră, întrucât ne este greu să ne ținem de învățătura Evangheliei. Este chiar mai dificil să creăm o cultură a Evangheliei, una atât de umană și atât de atractivă, încât oamenii să dorească să fie parte din ea. Schaeffer adăuga: „Dacă biserica este ceea ce ar trebui să fie, tinerii vor fi acolo. Dar ei nu doar că vor exista acolo – ei vor fi acolo cu trâmbițele sunând și cu chimvalele vii, vor veni dansând cu flori în păr."[2]

Noi acceptăm că adevărul doctrinei biblice este esențial pentru un creștinism autentic, dar acceptăm oare și faptul că frumusețea relațiilor interumane din cadrul creștinismului este la fel de esențială? Dacă, prin harul lui Dumnezeu, le păstrăm conectate pe cele două – doctrina Evangheliei și cultura Evangheliei – oamenii de toate vârstele vor fi mai dornici să vină în bisericile noastre cu o mare bucurie. Este mai posibil ca ei să gândească astfel: „aici este răspunsul pe care l-am căutat toată viața".

1.1. DOCTRINA SAU CULTURA?

Cu toții suntem înclinați să ne îndreptăm către una dintre cele două extreme – către a sublinia mai mult doctrina sau mai mult cultura. Unii dintre noi rezonează în mod natural cu adevărul, standardele și definițiile. Alții rezonează cu sentimentele, vibrațiile inimii și relațiile. În mod asemănător, biserici întregi pot să se orienteze către una sau către cealaltă.

Lăsați de capul nostru, vom face lucrurile parțial greșit, dar nu vom avea sentimentul vinovăției, pentru că le vom face în același timp parțial corect. Dar doar parțial. Adevărul lipsit de har este dur și urât. Harul fără adevăr este sentimental și laș. Dar Hristosul cel viu este plin de har și de adevăr (Ioan 1:14). De aceea, nu Îl putem reprezenta în limitele personalităților noastre și ale culturii din care venim fiecare dintre noi. Totuși, când depindem de El moment de moment, clipă de clipă, atât la nivel individual cât și al adunării, El ne va da înțelepciune. Se va apleca spre noi și va face ca bisericile noastre să fie mai asemănătoare Lui, așa încât să Îl putem glorifica mai clar decât am făcut-o vreodată.

Ecuațiile următoare mă ajută să definesc mai clar această chestiune:
Doctrina Evangheliei - cultura Evangheliei = ipocrizie
Cultura Evangheliei - doctrina Evangheliei = fragilitate
Doctrina Evangheliei + cultura Evangheliei = putere.

Doar prezența plină de putere a Domnului înviat poate să facă o biserică să fie centrată pe Evanghelie.

Acum câțiva ani, autoarea Anne Rice spunea: „Creștinii din America și-au pierdut reputația de oameni care știu cum să iubească"[3]. Ar putea exista multe motive care să justifice această evaluare negativă, deși nu toate convingătoare. Dar n-aș putea nici să resping total comentariul ei, după cum nici problema pe care ea o subliniază nu este văzută în Biblie drept o chestiune de o prioritate măruntă, una pe care am putea să o ocolim sau să o amânăm pentru altă dată. În fapt, puține lucruri sunt mai urgente pentru noi precum este recăpătarea reputației de oameni care știu cum să iubească, de dragul lui Isus, așa încât Evanghelia Lui glorioasă să fie demonstrată cu o claritate incontestabilă în bisericile noastre.

Oamenii Îl vor vedea pe Hristos în noi atunci când ne zidim bisericile în cultura evanghelică, folosindu-ne de resursele doctrinei evanghelice, fără a o lua pe vreo scurtătură.

Ioan 3:16, probabil cel mai faimos verset din întreaga Biblie, așază înaintea noastră doctrina Evangheliei. Acest verset constituie Evanghelia pentru tine și pentru mine, în mod personal. Înnoirea bisericilor noastre începe din interiorul fiecăruia dintre noi, în profunzime, atunci când suntem înnoiți individual în Evanghelie. Dar haideți să trecem prin acest minunat verset, frază cu frază.

1.2. CĂCI ATÂT DE MULT A IUBIT DUMNEZEU LUMEA

Evanghelia este Vestea Bună, iar aceste cuvinte monumentale trebuie să fie cea mai bună veste: „Căci atât de mult a iubit Dumnezeu lumea..." (Ioan 3:16). Totuși, pentru ca acest verset să aibă impact asupra noastră așa cum merită, trebuie să înțelegem două lucruri: cine este acest Dumnezeu și cum iubește El această lume.

În primul rând - Cine este acest Dumnezeu? Cuvântul *Dumnezeu* ne este atât de familiar încât am putea să trecem cu ușurință peste el. Dar trebuie să ne gândim la însemnătatea lui. Niciunul dintre noi nu a avut vreodată nici măcar un gând în legătură cu Dumnezeu, care să fie fidel față de măreția a ceea ce este El cu adevărat. Cine este Dumnezeul Evangheliei creștine?

Aici ne-ar putea ajuta o imagine contrastantă. În cartea sa intitulată *What Is the Gospel?*, Greg Gilbert se folosește de o satiră pentru a ne ajuta să vedem cum noi minimizăm în mod natural conceptul nostru de „Dumnezeu":

> „Dă-mi voie să îți fac cunoștința cu dumnezeu. (Observă că am scris cu literă mică - *d*).
> Încearcă să îți cobori glasul înainte de a face pasul înainte.

EVANGHELIA

Ar putea să doarmă în clipa aceasta. Știi, el este bătrân, nu prea înțelege bine și nici nu-i prea place această lume modernă „emancipată". Zilele lui de glorie – cele despre care vorbește atunci când îl pui un pic în mișcare – sunt trecute de mult, din vremea când majoritatea celor dintre noi nici măcar nu ne născusem. Asta se întâmpla pe vremea când oamenilor le păsa întrucâtva de ce gândea el despre lume, și când îl considerau destul de important pentru viețile lor.

Evident că toate acestea s-au schimbat acum, și totuși dumnezeu – sărmanul de el – niciodată nu s-a acomodat prea bine cu asta. Viața a continuat și a trecut pe lângă el. Acum, el își petrece majoritatea timpului plimbându-se prin grădină. Mă mai duc câteodată pe acolo să îl văd; dar el întârzie acolo, umblând și vorbind încet și blând printre trandafiri...

În fine, o mulțime de oameni încă îl mai plac, se pare – sau cel puțin face el cumva să-și mențină numărul de admiratori destul de mare. Și ai fi surprins să știi cât de mulți oameni trec pe acolo ca să îl viziteze și să-i ceară diverse lucruri, măcar din când în când. Dar evident că este un lucru care îi convine. El există ca să ajute.

Ferice de noi că toate lucrurile ciudate pe care le citești câteodată în cărțile lui vechi – știi tu, acelea când pământul i-a înghițit pe unii oameni, când ploua cu foc peste orașe, lucruri de genul ăsta

– toate acestea par să se fi ofilit odată cu vârsta lui. Acum el nu mai este decât un prieten blând, dispus să ajute, o persoană cu care este într-adevăr ușor să vorbești – în mod special atunci când nu-ți răspunde aproape niciodată înapoi și, atunci când totuși o face, folosește de regulă niște semne aproape ciudate, prin care vrea să-ți comunice că, indiferent ce vrei să faci, pentru el este în regulă. Ăsta da cel mai bun prieten, nu-i așa?

Dar știi care este cel mai bun lucru în legătură cu el? Nu mă judecă. Niciodată și pentru nimic. O, evident, eu știu că, în adâncul inimii lui, el dorește ca eu să fiu ceva mai bun, mai iubitor, mai puțin egoist și alte lucruri de genul acesta, dar el este realist. Știe că sunt un simplu om și că nimeni nu e perfect. Și sunt sută la sută convins că, pentru el, lucrul acesta este ceva obișnuit. În afară de asta, treaba lui este să îi ierte pe oameni. Asta este ce face el. Dincolo de orice, nu este el dragoste? Îmi place să mă gândesc la dragoste ca acel lucru care presupune ca niciodată „să nu judece, ci totdeauna să ierte". Aceasta este dumnezeul pe care eu îl știu. Și n-aș vrea să am parte de el în niciun alt fel...

Bine, acum putem continua să ne apropiem de el. Nu trebuie să te îngrijorezi, nu vom sta prea mult timp. Sincer. El este recunoscător pentru oricât de puțin timp poate căpăta din partea noastră."[4]

EVANGHELIA

Este ceva din această imagine pe care a zugrăvit-o Gilbert care să reflecte gândirea noastră cu privire la Dumnezeu? Hai să fim onești cu noi înșine în această privință.

John Piper ne ajută pe toți să ne măsurăm temperatura spirituală în felul următor:

> „Pentru mulți dintre noi, creștinismul a devenit un fel de așchii ale legilor generale doctrinare, colectate dintr-o mulțime de adevăruri biblice. Dar uimirea și admirația copilărească au murit. Poezia, pictura și muzica Maiestății lui Dumnezeu s-au uscat ca o piersică uitată în spatele frigiderului".[5]

Cu alte cuvinte, am putea afirma doctrine corecte, însă fiecare avem nevoie să spunem din nou: „Cercetează-mă, Dumnezeule, și cunoaște-mi inima! Încearcă-mă, și cunoaște-mi gândurile!" (Psalmul 139:23).

Haideți să uităm de orice altceva pentru o clipă. Haideți să ne gândim la Dumnezeu, întrucât „ceea ce intră în mințile noastre atunci când ne gândim la Dumnezeu este cel mai important lucru pe care îl avem"[6]. Nu Dumnezeu este cel care câștigă atunci când noi gândim mai clar despre El. Noi suntem cei ce câștigăm.

Hai să mergem înapoi, la început. De unde ai căpătat ideea ta despre Dumnezeu? Și cum știi că nu este produsul minții tale?

Evanghelia ni-L arată pe Dumnezeu glorios, dincolo de ceea ce noi am putea să gândim în mod natural, ba chiar la partea opusă față de ceea ce gândirea noastră firească este capabilă să conceapă. De pildă, încă de la începutul Bibliei, Dumnezeu spune că: „Eu sunt Dumnezeul Cel atotputernic" (Geneza 17:1). Aproape că nimeni nu crede că Dumnezeu este cu adevărat atotputernic, motiv pentru care Dumnezeu a și spus asta. Dar atunci când acel gând uimitor despre Dumnezeu ajunge în mintea noastră, ca o picătură într-un lac, valurile pe care le creează se propagă în toate direcțiile. Iată ce ne revelează Dumnezeul cel atotputernic despre Persoana Sa:

> „Eu sunt Dumnezeul cel atotputernic, capabil să împlinească cele mai înalte speranțe ale tale și să ducă la îndeplinire pentru tine cel mai strălucitor ideal pe care cuvintele Mele l-au așezat vreodată înaintea ta. Nu este nicio nevoie să diminuezi cu ceva promisiunea Mea așa încât să încapă în posibilitățile omenești, nicio nevoie să abandonezi vreo nădejde în ea, nicio nevoie să adopți vreo interpretare a promisiunii, care să o facă mai ușor de împlinit, și nicio nevoie de a te strădui s-o împlinești în vreun alt fel. Toate posibilitățile sunt cuprinse în aceasta: Eu sunt Dumnezeul cel atotputernic."[7]

În absența acestui Dumnezeu real și glorios, singurul obiectiv al viețiilor noastre ar fi să ajustăm constant așteptările noastre de la viață, dar constant în jos. Autorul Reynolds Price înțelege cât de întunecată devine realitatea în lipsa unui Dumnezeu atotputernic: „Nu există niciun creator și niciodată nu a existat. Universul este o materie de o întunecime totală, în care atomii lipsiți de simțuri și creaturile vicioase pun în scenă dorințele lor îngrozitoare"[8]. Dar, odată ce avem Ioan 3:16, care ne arată dragostea Dumnezeului cel atotputernic, nu mai trebuie să cădem vreodată într-o astfel de stare de deznădejde.

Evanghelia creștină nu ne cere să ne mulțumim cu lucruri mărunte. Ea începe cu Dumnezeul cel atotputernic, care, în mod uimitor, nu disprețuiește lumea, ci o iubește. Acesta este Dumnezeu cu adevărat. Asta spune Biblia. Haideți să o credem.

Acum, să ne îndreptăm atenția către cea de-a doua întrebare: Cum iubește Dumnezeu această lume? Ioan ne spune: „Căci atât de mult a iubit Dumnezeu lumea". Expresia „atât de mult" merită să fie observată. Ea ne comunică intensitatea dragostei lui Dumnezeu. Cum a iubit Dumnezeu lumea? Nu, n-a iubit-o moderat, ci imens. Atât de mult a iubit Dumnezeu lumea, nu pentru că noi suntem ființe vrednice de a fi iubite, ci pentru că El este dragoste (1 Ioan 4:16).

Caracterul intens al dragostei lui Dumnezeu devine tot mai clar atunci când ne gândim la lumea noastră, pe care Dumnezeu a iubit-o atât de mult. Pe măsură ce Îl vedem pe Dumnezeu tot mai clar, ne vedem în același timp propriile persoane tot mai clar. Ioan observă lucrul acesta: „Și judecata aceasta stă în faptul că, odată venită Lumina în lume, oamenii au iubit mai mult întunericul decât lumina, pentru că faptele lor erau rele. Căci oricine face răul, urăște lumina, și nu vine la lumină, ca să nu i se vădească faptele" (Ioan 3:19-20). Este greu să recunoaștem faptul că noi, oamenii, iubim întunericul, dar știm că acest lucru este adevărat. Noi toți am făcut lucruri rele, după care am încercat să le ascundem, și ne-am temut să le dăm pe față. Am încercat să le ștergem din memorie, să ignorăm conștiința, și am evitat să tratăm rana. De aceea, ne este greu să ne înfruntăm pe noi înșine cu onestitate.

În poemul său intitulat „1 Septembrie 1939", W.H. Auden vorbește despre ceva din acest întuneric ce se află în viețile noastre personale. El descrie ceea ce-a văzut într-o seară, într-un club de noapte:

> Fețe de-a lungul barului
> Agățându-se de ziua lor obișnuită;
> Luminile nu trebuie să se aprindă niciodată,
> Muzica trebuie să cânte mereu...
> Ca să nu vedem cine suntem,
> Pierduți într-o pădure bântuită,
> Copiii înfricoșați de noapte
> Care n-au fost niciodată nici buni, nici fericiți.[9]

Cu toții ne putem vedea ilustrați în acest poem, nu-i așa? Cuvintele lui Ioan cu privire la dragostea noastră față de întuneric ne ajută apoi și să ne privim la un alt nivel – al culturii. Una dintre trăsăturile timpurilor noastre este că am ajuns să redefinim lucrurile rele drept lucruri bune. Am schimbat etichetele, ca și cum asta ar schimba realitatea. Ne spunem nouă înșine că suntem într-o stare mai bună decât suntem în realitate. Iar aceasta este o formă de a „iubi întunericul mai degrabă decât lumina".

Recent am făcut o căutare pe pagina de internet Amazon.com după termenul „apreciere de sine", și am primit 93.059 rezultate. Ni s-a spus în mod constant că, prin aprecierea de sine, devenim oameni de succes și ne corectăm viețile. Dar este oare acest lucru adevărat?

În articolul ei din revista New York Times, intitulat „The Trouble with Self-Esteem", ziarista Lauren Slater cita un cercetător care studiase psihologia infractorilor și care concluzionase următoarele: „Adevărul este că noi l-am trecut pe omul antisocial prin orice test cu privire la aprecierea de sine, și nu există nicio dovadă care să susțină vechiul concept psiho-dinamic care presupune că aceștia s-ar simți deprimați cu privire la propriile persoane, în taină. Acești oameni sunt rasiști sau violenți tocmai pentru că nu se consideră suficient de răi."[10]

Biblia se opune aprecierii de sine față de care noi ne agățăm, în lumea de astăzi. Dar cum face ea lucrul acesta? În primul rând, Legea lui Dumnezeu dă pe față caracterul fraudulent al virtuților noastre, arătându-ne adevărata sfințenie a lui Dumnezeu. Noi nu merităm atât de multe lucruri pe cât credem. În al doilea rând, Biblia schimbă pur și simplu subiectul, îndreptându-l către a ne arăta cât de mult îi iubește Dumnezeu pe cei ce nu merită dragostea Lui. Cu alte cuvinte, Evanghelia ne ajută să încetăm a ne baricada pe noi înșine împotriva lui Dumnezeu, întrucât Dumnezeu îi iubește atât de mult tocmai pe acești oameni răi.

Dar trebuie să ne încredem în El și să ne deschidem inimile către El. Apoi noi știm cum lipsa de onestitate paralizează relațiile noastre, dintre oameni. De exemplu, un prieten îți greșește, apoi pretinde că nu s-a întâmplat niciodată acel lucru. Drept rezultat, prietenia se răcește, distanța dintre voi crește și, în curând, între voi se ridică garduri de despărțire, acolo unde înainte exista spontaneitate. Într-un anume moment, conștientizezi că ceea ce face relația imposibilă nu este atât de mult greșeala inițială, pe cât refuzul de a o recunoaște.

Respingerea încăpățânată a lui Dumnezeu de către noi este *mega-ofensa* care se așază deasupra tuturor celorlalte ofense pe care Dumnezeu le înfruntă prin dragostea Lui imensă, în Hristos. Lumea noastră se gândește la asta ca fiind un lucru prea bun ca să fie făcut de Dumnezeu. Este prea defensiv și prea emoțional să accepți dragostea Lui. Dar asta nu-L oprește pe Dumnezeu să o manifeste.

Ce s-ar fi întâmplat dacă L-ar fi oprit? Ce-ar fi fost dacă Dumnezeu ar fi spus: „Așa deci, asta este modalitatea în care vrei să fii tratat? Atunci așa să fie. Tu urăști lumina și iubești întunericul. Întreaga ta abordare a vieții constă în a păcătui și a-ți însuși apoi o fericire falsă. Refuzi să fii onest. Bine. Dar nu poți apoi să rămâi alipit de falsitatea aceasta inventată de tine, dar să ai în același timp parte de dragostea Mea uriașă. Această relație s-a încheiat aici, pe vecie"? El are dreptul să spună asta. Cine ar putea să Îl blameze, dacă ar face așa?

Dar ce-a făcut Dumnezeu în realitate?

1.3. ÎNCÂT A DAT PE SINGURUL LUI FIU

Dumnezeu a iubit atât de mult lumea, „încât a dat pe singurul Lui Fiu". Acest Fiu este Isus, Mesia cel promis din Vechiul Testament și Acela care împlinește cele mai profunde speranțe ale inimii omului. Cuvântul *„singurul"* ne vorbește despre faptul că Isus este unic. Nu există nimeni altul ca El. De aceea, El este de neînlocuit. Nu există niciun alt mântuitor. Lumea nu are vreo altă speranță. Nimeni altcineva nu va apărea din cer, venind ca să ne salveze. Ori suntem salvați prin singurul Fiu al lui Dumnezeu, ori avem parte de disperare acum și de condamnare pe vecie.

Te-ai gândit oare la lucrurile îndrăznețe pe care Isus le-a spus despre Sine? Iată, pentru început, doar câteva dintre acestea:

- „Eu și Tatăl una suntem" (Ioan 10:30).
- „Aveți credință în Dumnezeu, și aveți credință în Mine" (Ioan 14:1);
- „Dacă nu credeți că Eu sunt, veți muri în păcatele voastre" (Ioan 8:24).

C.S. Lewis ne ajută să ajungem la esența lucrurilor:

„Încerc aici să previn pe oricine să spună lucrul cu adevărat nebunesc pe care oamenii îl spun adesea despre El: „sunt gata să Îl accept pe Isus ca pe un mare învățător moral, dar nu voi accepta pretenția Lui de a fi Dumnezeu." Acesta este acel lucru pe care nu trebuie să-l spunem. Cineva care să fie doar un om și să spună lucruri pe care Isus le-a spus nu poate fi un mare învățător moral. El ar putea fi ori un lunatic... ori ar putea fi diavolul Iadului. Trebuie să faci o alegere în acest sens. Acest om fie era și este Fiul lui Dumnezeu, fie nu poate fi decât un nebun sau chiar mai rău. Fie îl poți considera un nebun, îl poți scuipa în față, îl poți ucide ca pe un demon, fie cazi la picioarele Lui și Îl consideri Domnul și Dumnezeul tău. Dar haideți să nu venim cu vreun nonsens cu privire la Ființa Lui, ca și cum ar fi un mare învățător dintre oameni. El nu ne-a lăsat această opțiune deschisă, și nici n-a intenționat vreodată să ne transmită așa ceva."[11]

Singurul Fiu, dăruit nouă din inima imens de iubitoare a Tatălui, a venit în această lume „nu prin constrângere, ci de bunăvoie, nu cu un simțământ arzător al răului ce trebui extirpat, ci cu un simțământ minunat al privilegiului și... cu conștiența binecuvântată a părtășiei cu Tatăl Său, Cel care L-a trimis"[12].

EVANGHELIA

Noi n-am făcut din El o religie nouă. El S-a coborât de la Tatăl, în calitate de Om nou arhetipal, simbolul ființei noastre mai bune, singurul nostru viitor. El a trăit viața neprihănită pe care noi n-am trăit-o niciodată și a experimentat moartea vinovată de care noi nu vrem să avem parte. Prin viața, moartea și învierea Lui, Isus a împlinit în locul nostru orice cerință a lui Dumnezeu. El a ispășit vinovăția noastră. El a satisfăcut mânia lui Dumnezeu, ce era îndreptată împotriva noastră. El a învins moartea pentru noi. A făcut totul în calitate de Substitut al nostru, pentru că noi, în starea noastră neajutorată, n-am fi putut vreodată să ne creăm o cale de ieșire. Dumnezeu L-a dat pe Fiul Său pe deplin, fără a reține nimic din El. El L-a dat chiar pe cruce. L-a abandonat în mâinile disperării Iadului pe care noi îl merităm pe deplin, așa încât El să ne poată da lucrurile cerești pe vecie, lucruri pe care nu le-am putea merita vreodată (Romani 8:32).

Aceasta este dragostea uriașă a lui Dumnezeu – anume că Fiul nu a lăsat nimic neexprimat din slava Tatălui, nu a lăsat nimic din nevoile noastre neîmplinite, ci a deschis inima măreață a lui Dumnezeu înaintea celor nevrednici. Dar această dragoste uriașă este și focalizată, ca lumina unui laser. Singurul Fiu este singura noastră cale înapoi către Dumnezeu, singurul dat de Tatăl, singurul acceptabil înaintea Tatălui. Nu există nimeni altul. Te provoc să identifici orice alt nume în care se poate pune speranța întregii lumi, și despre care să se poată spună următoarele:

„Ascultarea și moartea Domnului Isus au așezat fundamentul și au deschis calea pentru exersarea acestui măreț și suveran har. Crucea lui Isus ilustrează cea mai îngrozitoare manifestare a urii lui Dumnezeu împotriva păcatului și, în același timp, cea mai augustă revelare a disponibilității Lui de a-l ierta. Iertarea, completă și necondiționată, este scrisă cu fiecare picătură de sânge care se vede, este proclamată cu fiecare suspin care este auzit... O, binecuvântată ușă a întoarcerii către El, deschisă și niciodată închisă față de cei ce au rătăcit de la Dumnezeu! Cât de glorioasă, cât de accesibilă, cât de liberă! Iată, aici poate să-și aducă povara cel cu duhul împovărat; aici cel cu duhul zdrobit își poate aduce întristarea, cel cu duhul vinovat își poate aduce păcatul, cel cu duhul căzut își poate aduce rătăcirea. Toți sunt bineveniți aici. Moartea lui Isus a constituit deschiderea și golirea inimii mari a lui Dumnezeu. A fost acea secare a oceanului îndurării infinite a lui Dumnezeu, care s-a ridicat și s-a coborât, căutând ieșirea. Aici era Dumnezeu, arătându-ne cum poate să-l iubească pe păcătosul sărman și vinovat. Ce-ar fi putut face El mai mult?"[13]

Orice altă speranță nu poate decât să se bazeze, explicit sau implicit, pe cât de merituoși suntem noi. Doar Evanghelia creștină este bazată – în mod clar, cu tărie și insistență – pe dragostea lui Dumnezeu față de cei lipsiți de merite. Dacă te gândeai că ai putea să îți câștigi, să pretinzi că ai sau să te lupți pentru calea care să te ducă la viață în baza meritelor și a istețimii tale, acum tot ceea ce descoperi în interiorul tău este nu lumină, ci întuneric și refuz, nu libertate, ci robie; dacă ai ajuns să te șochezi pe tine însuți cu răul de care ești capabil și ai abandonat meritele tale în fața disperării, atunci Dumnezeul dragostei te așteaptă cu brațele deschise, te așteaptă chiar astăzi.

Atunci când, în final, abandonăm pretențiile și meritele noastre, și ne deschidem inima față de dragostea lui Dumnezeu, vom descoperi întotdeauna această dragoste tocmai acolo unde Dumnezeu Însuși a așezat-o – în singurul Lui Fiu. Noi, cei vinovați, vom descoperi doar în Hristos toată dragostea de care vom putea avea nevoie vreodată. Aceasta este ceea ce Evanghelia spune.

Dar cum ajungem acolo?

1.4. PENTRU CA ORICINE CREDE SĂ NU PIARĂ, CI SĂ AIBĂ VIAȚA VEȘNICĂ

Ioan își încheie apoi versetul 16 cu răspunsul: „pentru ca oricine crede în El să nu piară, ci să aibă viața veșnică". Cuvântul „oricine" este foarte larg. Oricine, oricât de discreditat ar fi, poate să intre în această viață. În același timp, cuvintele „să nu piară, ci să aibă viața veșnică" sunt înguste. Pieirea și viața veșnică sunt singurele alternative care ne stau înainte. Fiecare individ va trebui să meargă fie pe o cale, fie pe cealaltă. Totul depinde de un singur lucru: dacă vom „crede în El", în singurul Fiu al lui Dumnezeu.

Dar ce înseamnă atunci să credem în El? Iată ce nu înseamnă. În limba noastră, am putea spune, „eu cred în sistemul liberei inițiative", adică același lucru cu a spune, „sunt de acord cu el, îmi place". Dar încearcă să vezi cum s-ar aplica o astfel de gândire în versetul din Ioan 3:16: „Căci atât de mult a iubit Dumnezeu această lume rea, încât El a dat darul jertfitor al singurului Său Fiu, așa încât noi să putem spune „sigur, ăsta e un lucru cu care sunt de acord că e bun – alături de părinții mei și de o plăcintă bună cu mere"". Dragostea uriașă a lui Dumnezeu ne cheamă la mult mai mult și implică mai mult decât o simplă exprimare a acordului cu ea.

Textul din limba greacă pentru versetul din Ioan 3:16 spune în mod literal „oricine crede în El nu va pieri". Credința reală ne duce în Isus Hristos. Credința reală elimină distanța. Ea ne deplasează de la plinătatea de sine la plinătatea lui Hristos. Noi ne oprim astfel din a-L trata ca pe o garnitură religioasă pe care să o așezăm de-o parte a vieții noastre. Nu, ci dimpotrivă, Îl descoperim ca fiind totul pentru noi. El devine noul nostru centru sacru. Noi ne lepădăm cu bucurie de noi înșine, pătrunzând în Cel ce este de partea păcătoșilor disperați. Teologii denumesc această reorientare radicală „unirea cu Hristos". Și chiar este atât de profundă!

EVANGHELIA

Atunci când eu cred în Hristos, mă opresc din a mă ascunde și a mă împotrivi. Predau autonomia mea în mâinile Lui. Drept răspuns la Vestea Bună cu privire la tot ceea ce Isus a făcut, eu mă ascund în El, considerându-L singura mea speranță. Vreau să fiu iertat în mod real de păcatele mele reale printr-un Mântuitor real.

Atunci când privești la Isus în acest nou fel, Biblia spune că ești adus în siguranță în El, și asta pe vecie. Cât de minunat! Nu mai poți fi niciodată uitat de El, pentru că toată uitarea a rămas așternută pe cruce, departe de noi. Harul Lui, primit prin credință și nu prin fapte, mută ființa ta în profunzimea inimii Lui.

Gerhard Forde ne ajută să acceptăm simplitatea credinței, ilustrată prin opoziție cu meritele omului:

> „Noi suntem justificați fără plată, datorită lui Hristos, prin credință, fără implicarea tăriei noastre în vreun fel, în absența oricărui merit și a oricăror fapte. La vechea întrebare, „Ce să fac ca să fiu mântuit?", răspunsul confesional este șocant: „Nimic! Doar stai liniștit, închide-ți gura și ia aminte pentru prima dată în viață la ceea ce Dumnezeul cel atotputernic, Creatorul și Răscumpărătorul, îi spune acestei lumi și ție prin moartea și învierea Fiului Său! Ascultă și crede!"[14]

Ceea ce contează mai mult înaintea lui Dumnezeu nu stă în păcatele pe care le-am făcut sau nu, și nici cum ne situăm noi prin comparație cu alți păcătoși. Ceea ce contează mai mult pentru Dumnezeu este dacă ne-am unit prin credință cu singurul Său Fiu. Cu alte cuvinte, criteriul final al lui Dumnezeu pentru tine nu este bunătatea ta prin comparație cu răutatea ta, ci unirea ta cu Hristos prin comparație cu distanțarea ta de Hristos. Ca să exprim acest lucru în alt fel, ceea ce contează cel mai mult înaintea lui Dumnezeu în legătură cu tine nu sunt lucrurile bune sau rele pe care le-ai făcut, ci credința și deschiderea ta față de Hristos versus încrederea ta în tine și spiritul tău de justificare de sine față de Hristos.

Dumnezeu a simplificat toate lucrurile pentru orice persoană. Nu trebuie să fim suficient de buni. Nu trebuie să avem toate răspunsurile. Dumnezeu are răspunsurile. El ne-a oferit totul, cu dragoste, în Hristos. Nu avem niciun motiv să facem pasul înapoi. De ce să rămâi rece, când Dumnezeu oferă dragostea Lui uriașă în Persoana care este evident cea mai minunată Persoană care a trăit vreodată pe fața pământului? De ce să nu crezi în El? Dar dacă vei crede, El te va atrage la Sine și va face acest lucru pe vecie. Aceasta este promisiunea Evangheliei.

Dar dacă nu vei crede în Isus Hristos, vei pieri.

Vezi acel cuvânt „*piară*", din Ioan 3:16? Contemplează-l pentru o vreme. Acest cuvânt a fost surprins, e drept, într-un fel încețoșat, într-o piesă de teatru denumită Breath, scrisă în 1969 de Samuel

Beckett, care a contribuit la acea eră a mișcării „teatrului absurd". Întreaga piesă durează aproape 35 de secunde. Cortina se ridică, pentru a scoate la iveală o grămadă de gunoi, așezată pe scenă. Nu există actori. Singurul sunet este un strigăt de om ce se aude atunci când luminile se aprind, strigăt care este urmat de tăcere, tăcere urmată de un suspin, atunci când luminile se sting. Scena se sfârșește, viața se încheie, povestea se termină. Aceasta este o imagine a pieirii – o viață care lasă înapoi niște haine vechi, niște computere vechi, niște emisii de gaze cu efect de seră și niște oportunități pierdute – apoi funeraliile, urmate de moartea oricăruia care a plâns la îngroparea ta. Nu vei mai conta niciodată după aceea, cu excepția situației când vei sta înaintea tronului de judecată al lui Dumnezeu, în veșnicie, moment în care vei da socoteală pentru că L-ai respins. Iadul este pentru oamenii care ar fi putut să se bucure de dragostea lui Dumnezeu, dar care au respins acest lucru. Biblia spune: „Ei vor avea ca pedeapsă o pierzare veșnică, de la fața Domnului și de la slava puterii Lui" (2 Tesaloniceni 1:9). Asta înseamnă să pieri.

Însă viața veșnică este disponibilă chiar acum pentru păcătoșii care merită Iadul, dar care sunt iubiți într-un fel uriaș de către Dumnezeul glorios care L-a dat pe singurul Lui Fiu. Singurul lucru pe care El îl cere este ca noi să răspundem acestei vești bune prin a ne întoarce de la noi înșine și a-L primi pe Hristos cu mâinile goale ale credinței. Ți-ai pus și tu credința în El? Ai abandonat încrederea în tine și te-ai întors către El, considerându-L Mântuitorul tău complet? De ce să nu faci lucrul acesta chiar acum? El oferă și promite viața veșnică, în El Însuși, tuturor celor care pur și simplu cred.

Jonathan Edwards ne ajută să devenim hotărâți pentru Hristos:

„Ce anume ai putea să îți dorești de la un Mântuitor și care să nu se găsească în Hristos?... Ce lucru măreț sau bun ar putea exista, care să fie venerabil sau care să te câștige, care să fie adorabil și demn de îndrăgit, sau la ce te-ai putea gândi că ar fi încurajator, și care să nu se găsească în Persoana lui Hristos? Ai vrea ca mântuitorul tău să fie o persoană măreață și onorabilă, doar pentru că nu ești dispus să te supui unei persoane umile? Și nu este Hristos suficient de onorabil pentru a fi vrednic ca să te lași dependent de El? Nu este El o Persoană suficient de înălțată, trimisă să facă o lucrare atât de onorabilă, cum este mântuirea ta? Nu vei fi tu mai degrabă dornic să ai un Mântuitor înălțat, dar și să-L ai... să-L ai ca Acela care a fost în același timp smerit, pentru ca astfel să experimenteze suferința și încercările, ca să învețe prin lucrurile prin care a suferit să aibă milă de cei ce suferă și sunt ispitiți? Și nu S-a smerit Hristos suficient de mult, nu a suferit El suficient?... Ce lipsește sau ce ai vrea să adaugi, dacă ai putea, pentru a-L face pe Hristos mai potrivit să fie Mântuitorul tău?"[15]

1.5. DE LA DOCTRINĂ LA CULTURĂ

Dragostea lui Dumnezeu în Hristos este doctrina ce îți taie răsuflarea în Ioan 3:16. Dar acum, iată aici cultura frumoasă a Bisericii care este chemată prin acea doctrină: „Preaiubiților, dacă astfel ne-a iubit Dumnezeu pe noi, trebuie să ne iubim și noi unii pe alții" (1 Ioan 4:11).

Petru o exprimă în felul următor: „iubiți-vă cu căldură unii pe alții" (1 Petru 1:22). Noi nu suntem chemați să ne iubim cu moderație, ci să ne iubim din toată inima, în felul în care Dumnezeu ne iubește.

Există o mulțime de forme ale dragostei în această lume, dar majoritatea sunt moderate, limitate. Dar, sub binecuvântarea lui Dumnezeu, doctrina Evangheliei ne deschide complet inimile pentru a primi ceva de dincolo de această lume. Văzând cum este dragostea uriașă a lui Dumnezeu, lepădăm nepăsarea noastră și venim alături pentru a ne îngriji unii de alții în modalități reale, așa cum Dumnezeu îngrijește în chip minunat de noi. Acesta este punctul când o biserică începe să arate ca o comunitate în care Dumnezeul din Ioan 3:16 locuiește cu putere. Acesta este momentul când lumea poate să vadă dragostea Lui manifestându-se în realitate, și când mulți ni se vor alătura în Hristos, și vor trăi veșnic.

Doctrina Evangheliei creează o cultură a Evangheliei, și acest lucru contează.

CAPITOLUL 2

EVANGHELIA PENTRU BISERICĂ

„Cum a iubit și Hristos Biserica și S-a dat pe Sine pentru ea" (Efeseni 5:25).

Doctrina harului creează o cultură a harului, în care oamenilor răi li se petrec lucruri bune. O cultură a harului în biserică dovedește faptul că Isus este Cel Preasfânt, care îi iartă pe păcătoși, Regele care se împrietenește cu vrăjmașii Lui și Geniul care îi sfătuiește pe cei ce eșuează.

Învățătura harului și cultura harului nu coexistă datorită norocului. Doctrina creează și susține cultura. Felul în care noi trăim împreună în bisericile noastre izvorăște din ceea ce noi credem împreună. Astfel, Evanghelia trebuie să poposească în fiecare dintre noi, individual. Tu și eu trebuie să credem pentru noi înșine Evanghelia, în primul și în primul rând. Dar Evanghelia mai creează și un fel nou de comunitate – o cultură a Evangheliei denumită biserică.

Ce este o biserică? O biserică – nu Biserica, ci o biserică – este un trup de credincioși în Isus, care își extrag împreună viața din El, în mod regulat, lucru practic și organizat, care accelerează progresul lor în asemănarea cu El.[1] Tu și eu suntem una cu toți creștinii adevărați care au existat de-a lungul istoriei – cu Augustin, Martin Luther, Johann Sebastian Bach și mulți alți oameni uimitori. Ăsta este un lucru extraordinar. Dar unitatea bisericii devine experiența noastră reală în unitatea unei biserici locale. În bisericile noastre locale, ceea ce noi avem în comun trece dincolo de experiențele noastre cu creștinii, în general. Faptul că suntem parte a unei biserici ne eliberează de un idealism vag și ne dăruiește atracția și motivația pentru o înaintare reală în Evanghelie, lucru care va face diferența pe veci.

Biserica ta este mai mult decât un grup de oameni care se întâmplă să fie împreună în zilele de duminică. Dacă ai vrea pur și simplu să te alături unui grup de oameni, ai putea să mergi la un meci de fotbal într-o după-amiază de duminică. Fanii unei echipe ar putea să stea împreună, să poarte tricouri în culorile echipei lor favorite și să se bucure la unison atunci când echipa iese învingătoare. Dar odată ce meciul se sfârșește, ei pleacă de la stadion, merg acasă și își continuă viețile, separat de comunitatea respectivă. Ai putea chiar să participi la un eveniment creștin important, doar ca să fii alături de cineva. Poate să fie ceva magic în atmosfera respectivă, dar există ceva care să țină de acea comunitate și care să treacă dincolo de acel eveniment, după ce el s-a sfârșit și toate persoanele pleacă acasă?

Să zicem că te-ai întâlnit cu cineva la acel eveniment creștin. Chiar îți place de persoana respectivă. La două săptămâni după aceea, se întâmplă să dai peste acea persoană la o cafenea. Și este un lucru care îți încălzește inima. Dar nu asta este o cultură evanghelică. Doar într-o biserică suntem membre ale lui Hristos și unii altora, mergând înainte împreună ca un trup bine închegat (1 Corinteni 12:12-27). Doar împreună suferim și creștem. Împreună ne așezăm alături la închinare, creștem și slujim, în acord cu Scriptura, Cuvântul lui Dumnezeu. Și asta este biserica ta – temelia unui nou fel de comunitate pe care Hristos o creează astăzi în lume, spre arătarea slavei Sale. Aceasta este o cultură a Evangheliei.

Evident, plătim un preț atunci când ne dedicăm viețile unei comunități reale. Pierdem o parte a spațiului, timpului și libertății noastre de a face ceea ce ne place. Dar Biblia ne îndeamnă să ne supunem unii altora (Efeseni 5:21). Aceasta implică să ne ajustăm, să ne adaptăm, să căutăm întotdeauna ca toți să câștigăm din asta.

De aceea, aș vrea să îți pun o întrebare simplă: Cui te supui tu? Noi toți ar trebui să avem un răspuns bun la această întrebare. Biblia merge chiar mai departe și spune: „priviți bine pe cei... care vă cârmuiesc în Domnul" (1 Tesaloniceni 5:12).

Scriptura este clară. Creștinii au de ales între izolare, lucru care este ușor, și apartenență, care este costisitoare – dar care aduce mult mai multă împlinire.[2]

Iată de ce apartenența noastră la o biserică contează atât de mult pentru Dumnezeu. Noi suntem pietre vii în templul spiritual pe care El îl construiește azi în această lume (1 Petru 2:4-5). El dorește să locuiască în *mijlocul* poporului Său, iar noi, în calitate de pietre vii, ne regăsim alături de El atunci când suntem zidiți în acest templu spiritual[3]. În Biblie nu există creștinism în afara bisericii. Noi, oamenii, individualiști fiind, trebuie să fim confruntați cu acest adevăr. Dumnezeu zidește o comunitate nouă, și merită să aparținem ei.

În Ioan 3:16, am văzut că Dumnezeu a iubit atât de mult lumea în general, încât L-a dat pe singurul Lui Fiu. În Efeseni 5:25b-27, vedem că Hristos a iubit în mod particular Biserica, și a iubit-o atât de mult încât S-a dat pe Sine pentru ea. Aceasta este doctrina Evangheliei. Haideți să parcurgem acest pasaj frază cu frază.

2.1. HRISTOS A IUBIT BISERICA ȘI A MURIT PENTRU EA

Pavel ne învață că „Hristos a iubit Biserica și S-a dat pe Sine pentru ea" (Efeseni 5:25b, lit. ESV). Întreaga atitudine a lui Hristos față de Biserica Lui este dragoste. Nu a existat vreo clipă în care El să nu Își iubească poporul din toată inima. John Flavel, un teolog puritan, a recreat, cu imaginație, conversația dintre Dumnezeu Tatăl și Dumnezeu Fiul, conversație avută în eternitate, înainte de apariția timpului:

> „Tatăl: Fiule, iată aici o mulțime de suflete ticăloase și sărmane, care s-au ruinat total pe ele însele, și acum stau aici, în fața dreptății Mele. Dreptatea cere să fie împlinită în cazul lor, altfel își va găsi împlinirea în ruina lor veșnică. Ce să se facă pentru aceste suflete?
> Fiul: O, Tată, atât de mare este dragostea și îndurarea Mea față de ei încât, în loc ca ei să piară pe vecie, Mă voi face Eu responsabil în locul lor, ca Garant al lor. Adu tot ce este de plătit înaintea Mea, ca să văd ce îți datorează ei. Doamne, adu toată datoria lor, ca să nu le mai rămână nimic de plată. Cere totul din mâna Mea. Voi alege mai degrabă să sufăr mânia Ta, decât să sufere ei. Pune asupra Mea, Tată, toată datoria lor.
> Tatăl: Dar, Fiule, dacă vei face acest lucru pentru ei, trebuie să plătești până la ultimul bănuț. Nu Te aștepta să fii scutit în vreun fel. Dacă îi scutesc pe ei, nu Te pot scuti pe Tine.
> Fiul: Sunt dornic, Tată. Așa să fie. Pune totul în socoteala Mea. Sunt capabil să plătesc datoria lor. Și chiar dacă acest lucru Mă va zdrobi, chiar dacă voi fi golit și sărăcit de toate bogățiile Mele, chiar de conturile Mele vor fi golite cu totul, Eu rămân dornic să fac acest lucru."[4]

Nu noi am ruinat planul lui Dumnezeu. Noi suntem planul Lui, planul Lui veșnic de a-i iubi pe cei lipsiți de merite, spre arătarea slavei Sale. Conform cu planul Său iubitor, Hristos S-a dat pe Sine pe cruce pentru Biserica Sa. Toată mânia lui Dumnezeu ce era îndreptată împotriva păcatelor Bisericii a fost stinsă pe vecie în Hristosul crucificat. El Însuși S-a dat atât de deplin, încât a plătit și cel din urmă bănuț al datoriei noastre. El ne-a curățat complet, chiar dacă L-a costat totul. De aceea, zâmbetul aprobării din partea lui Dumnezeu este îndreptat astăzi către Biserica Lui, doar datorită meritelor lui Isus.

2.2. PENTRU A O SFINȚI ȘI CURĂȚA PRIN CUVÂNT

Asta nu înseamnă că noi am fi atractivi pentru El. Hristos ne-a văzut și ne vede așa cum suntem în realitate – necurați. De ce S-a dat El pentru această Biserică neatractivă? Pavel continuă: „ca s-o sfințească, după ce a curățit-o[5] prin botezul cu apă prin Cuvânt" (Efeseni 5:26).

Dragostea veșnică și moartea jertfitoare a lui Hristos au avut un scop: sfințirea Bisericii. Adică El Și-a propus să ne consacre, să ne pună deoparte pentru Sine. Dragostea Lui este mult prea mare ca să ne permită să mergem înainte trăind niște vieți centrate pe noi înșine. De aceea, El ne-a luat în stăpânirea Sa pentru un scop sfânt, așa încât noi nu mai aparținem propriilor persoane. El ne-a luat din robie, și ne-a adus în stăpânirea Lui. Cuvântul sfințire ne umple cu o nouă demnitate. Putem sta astăzi în picioare, nu ca niște oameni plecați. Aparținem lui Hristos Mântuitorul, nu altei persoane. Cum ar putea fi altfel?

În contextul din Efeseni 5, această dragoste a lui Hristos este, în natura ei, una asemănătoare căsătoriei. Iar noua noastră căsătorie cu El, unirea noastră doar cu El, nu este rezultatul alegerii noastre eroice a Lui, ci a alegerii noastre de către El, în îndurarea Lui.

Atunci când bărbații își caută o mireasă, adesea ei caută o *regină* frumoasă. Dar Hristos a ales-o pe cea murdară, care avea nevoie de curățirea făcută de El. Pentru a-Și găsi mireasa, Fiul lui Dumnezeu a trecut granița în partea murdară a orașului, acolo unde noi toți trăim. În relația noastră cu El, noi nu am adus decât problemele noastre constante, rușinea noastră și greșelile noastre catastrofale. Dar acum putem să înfruntăm toate aceste lucruri datorită a ceea ce El a adus în relația Sa cu noi: curățarea suficientă de toată murdăria noastră vinovată.

Cum Își curăță El mireasa? „Prin spălarea cu apă prin Cuvânt". Unii comentatori se gândesc că această expresie face referire la botez. Da, această interpretare poate fi acceptată. Dar pare mai degrabă că Pavel se gândește la lucrarea cuprinzătoare a Evangheliei din bisericile noastre[6]. Biblia spune: „ați fost spălați, ați fost sfințiți, ați fost socotiți neprihăniți, în Numele Domnului Isus Hristos, și prin Duhul Dumnezeului nostru" (1 Corinteni 6:11). Asta este ce spune, deci, în Efeseni 5:26? După ce ne-a luat în stăpânirea Lui, Domnul Își arată dragostea reală atunci când Cuvântul Evangheliei ne spală duminică de duminică. Acesta este felul cum El ne-a împrospătat și face ca bisericile să fie pregătite pentru comuniunea cu El. În Hristos nu există nimic degradant, nimic față de care trebuie să ne facem griji sau care să fie nevoie să fie filtrat. Dragostea Lui veșnică curge către noi, în bisericile noastre, cu puterea înnoitoare, prin lucrarea cuvintelor Evangheliei (v. Isaia 55:10-11).

Profetul Ezechiel L-a văzut de asemenea pe Dumnezeu în calitate de Soț al poporului Său (Ezechiel 16). El a văzut tânăra națiune Israel ca pe un copilaș abandonat, nespălat și neiubit. Apoi Dumnezeu s-a apropiat de ea. Inima lui s-a deschis față de ea. S-a îngrijit de ea. A îmbăiat-o, a îmbrăcat-o și a crescut-o. Și ea a devenit frumoasă. S-a căsătorit cu ea și a împodobit-o.

„Dar", i-a spus apoi Dumnezeu poporului Său, „te-ai încrezut în frumusețea ta, și ai curvit, la adăpostul numelui tău cel mare; ți-ai revărsat curviile înaintea tuturor trecătorilor, și te-ai dat lor" (Ezechiel 16:15). Această afirmație este uluitoare. Despre ce vorbește Domnul aici? El afirmă un adevăr dur, dar important. Oridecâteori inimile noastre păcătoase nu consideră satisfăcătoare dragostea Soțului nostru divin, și ne ducem anxietățile, singurătatea sau alte nevoi către remedii și mângâieri diferite, părăsindu-L în felul

Acesta pe Dumnezeu, noi comitem de fapt adulter spiritual. Și cine este acela dintre noi care nu a făcut asta? Toți suntem niște curvari. Evanghelia nu este istoria lui Hristos care iubește o mireasă pură, mireasă care, la rândul ei, L-ar iubi. Nu, ci este istoria dragostei Lui pentru o prostituată care crede că nu are nimic de oferit și care continuă să se dea pe sine altora. De aceea, orice biserică pusă deoparte pentru Hristos continuă să aibă nevoie de o curățire atât de mare încât aceasta trebuie să vină de sus, prin lucrarea continuă a Cuvântului.

Îmi cer scuze că a trebuit să spun lucrurilor pe nume în felul acesta, dar este adevărul biblic. Trebuie să fim confruntați cu el. Cum putem spera să stăm cu adevărat în fața lui Hristos, dacă ne îndepărtăm ochii de la portretul zdrobitor pe care Biblia îl face corupției noastre naturale? Biblia ne avertizează asupra atitudinii blasfemiatoare care pândește în inimile noastre, ale tuturor. Ajungem să ne spunem nouă înșine: „De ce să facem atâta caz în legătură cu compromisul acesta sau cu orice altceva? El va înțelege. Dumnezeu ne tratează cu har, nu?" Dar ce bărbat ar spune: „Ce atâta mare caz în legătură cu curviile soției mele? Este doar o relație de căsătorie. Pot să înțeleg. Sunt un om plin de har"? În același fel, Soțul nostru divin nu poate să gândească în termenii următori: „Bine, bine, soția a adus un alt iubit în patul nostru, dar atâta vreme cât nu Mă vor deranja din somn, de ce să fac un mare caz din asta?" Numai gândul la o astfel de situație este revoltător.

Dragostea lui Isus este sacră. El ne dă totul, dar ne și cere totul, pentru că este un Soț bun. Doar o dragoste exclusivă este o dragoste reală. Doar un har care curăță deplin este un har real. Am putea să ne dorim cumva un har care nu ne curăță pentru Hristos?

Haideți să ne dedicăm într-un mod proaspăt față de Domnul nostru, și doar față de El, și să nu ne oprim niciodată din a face lucrul acesta. Să nu ne oprim niciodată din a-i spune generației noastre: „Noi nu spunem că Isus este doar una din căi, sau chiar că este cea mai bună cale. Nu, ci noi spunem că El este singura cale. Alătură-te nouă în singura dragoste reală care există în întreg universul. Ieși din curvia acestei lumi, unde totul este de vânzare și orice lucru are un preț. Vino să fii părtaș căsătoriei veșnice, unde nu vei mai fi niciodată cumpărat și vândut, ci vei fi iubit și îndrăgit pe vecie. Poți fi curățat de toate curviile tale, prin puterea harului Său. Poți să-ți capeți fecioria înapoi, poți să îți recapeți integritatea, lucruri care ți se dau fără plată prin dragostea lui Hristos, împrospătată constant prin Evanghelia Lui. Vino la El!"

Astfel, scopul inițial al lui Hristos pentru Biserica Lui este să ne ia în stăpânirea Sa și să ne înnoiască. Dar mai este ceva.

2.3. CA SĂ ÎNFĂȚIȘEZE BISERICA ÎN SLAVĂ

Dar Hristos are un scop mai mare pentru biserica Lui. Și acesta ne conduce până în veșnicia viitoare. El a murit pentru Biserică și o spală prin Cuvântul Său, spune Pavel, „ca să înfățișeze înaintea Lui această Biserică, slăvită, fără pată, fără zbârcitură sau altceva de felul acesta, ci sfântă și fără prihană" (Efeseni 5:27). Cuvintele importante din această frază sunt El și înaintea Lui. El este Cel ce ne înfrumusețează. El Își va găsi împlinirea inimii iubitoare în noi.

Biblia ne spune că Dumnezeu este un Dumnezeu gelos (Exod 34:14). Pavel pătrunde în această gelozie dumnezeiască atunci când îi scrie bisericii din Corint: „sunt gelos de voi cu o gelozie după voia lui Dumnezeu, pentru că v-am logodit cu un bărbat, ca să vă înfățișez înaintea lui Hristos ca pe o fecioară curată" (2 Corinteni 11:2). De aceea, n-ar trebui să fie surprinzător pentru noi să vedem ce anume așteaptă Pavel de la o biserică: „curăția și credincioșia care este față de Hristos" (2 Corinteni 11:3). Dacă bisericile noastre se comportă mereu atât de nebunesc încât să spună că Isus este doar unul dintre mulți alții, dacă permitem oricărei alte pasiuni să interfereze cu bucuria noastră reverentă în prezența Domnului Isus Hristos, atunci vom ajunge să ne răzvrătim față de scopul Lui iubitor și să ne corupem pe noi înșine. Domnul va fi capabil să ne redea onoarea, dar acest lucru nu se va petrece decât prin pocăința noastră.

Nimic nu se compară cu Hristos în această lume, oricât de tentant ar fi acel lucru. Priviți la destinul glorios pe care El îl are rezervat pentru poporul Său. El ne va prezenta înaintea Lui în splendoare. În acea zi a nunții veșniciei, de sus, Mireasa nu va mai avea nevoie de niciun fel de pregătire (Apocalipsa 21:2). El va privi în ochii noștri și ne va spune: „Dragostea Mea, ești perfectă", și nu va exagera cu nimic. Sfințenia reală nu este plictisitoare, lipsită de strălucire sau negativă. Acestea nu ar fi decât semnele religiozității omenești. Sfințenia reală pe care Hristos o creează este *frumoasă*. Iar sfințenia pe care El o dăruiește va răscumpăra orice lucru murdar pe care l-am fi făcut față de noi înșine sau pe care l-am fi suferit din partea altora aici, pe pământ. Acolo vom fi „fără pată, fără zbârcitură sau orice alt lucru de acest fel". Vom fi făcuți perfecți pe vecie, pentru că vom ajunge în final să stăm în prezența Lui, și doar alături de El. Și El va face lucrul acesta, pentru că a promis.

Dragostea lui Hristos este cea mai mare putere din univers – cu mult mai mare decât toate păcatele noastre. Teologul puritan John Owen compara în felul următor dragostea noastră slabă cu dragostea Lui puternică:

> „Un om poate să-l iubească pe un altul ca pe sufletul său, și totuși dragostea lui să nu fie capabilă să îl ajute. El poate să se îndure de acesta când este în închisoare, dar nu îl poate elibera; poate să îl deplângă pentru ticăloșia lui, dar nu îl poate ajuta; poate să sufere alături de el în boală, dar nu îi poate ușura durerea. Nu putem forța, prin iubire, harul într-un copil, și nici îndurarea într-un prieten. Nu putem, prin dragostea noastră, să îl ducem în Rai, chiar dacă asta ar fi cea mai mare dorință a sufletului nostru...

Dar dragostea lui Hristos, fiind dragostea lui Dumnezeu, este eficientă și roditoare, producând toate lucrurile bune pe care El le dorește pentru cei iubiți ai Săi. El ne iubește și, din dragoste, ne dăruiește viața, harul și sfințenia. El ne iubește aducându-ne în legământ, ne iubește ducându-ne până în cer."[7]

Aceasta este doctrina Evangheliei pentru biserică. Ea ne curăță și ne înnoiește.

2.4. DE LA DOCTRINĂ LA CULTURĂ

Dar cum rămâne cu lucrurile referitoare la cultura Evangheliei, în cazul Bisericii? Ea include atât de multe lucruri, precum abilitatea de a fi cinstiți cu noi înșine și de a spera în dragostea lui Hristos, Soțul nostru. Dar, mai presus de orice, cultura Evangheliei unei biserici este marcată printr-o sfințenie frumoasă. Da, sfințenia bisericii rămâne imperfectă în această viață, dar ea este vizibilă și atrăgătoare. Domnul nostru ne spune: „Fiți sfinți, căci Eu sunt sfânt" (1 Petru 1:16). O nouă cultură a sfințeniei față de Domnul izvorăște din profunzimea inimii – din inimile care sunt împrospătate în dragostea lui Hristos și dedicate doar Lui. Am putea privi la lipsa noastră de sfințenie și să gândim în felul următor: „Nu sunt bun la aceasta. Doar voi eșua iar și iar. De aceea, sfințenia nu contează". Evanghelia ne învață să gândim altfel: „Nu sunt bun la aceasta. Da, voi eșua iar și iar. De aceea, ceea ce contează este promisiunea lui Hristos. *El* este Cel ce mă va face sfânt, așa cum este El, spre slava Lui. Eu voi crede Evanghelia. Îmi voi pune nădejdea în dragostea puternică a lui Hristos."

Iată cum facem ca această încredere să devină realitate practică. Biblia ne spune că noi am fost căsătoriți cu Hristosul înviat, cu scopul de a aduce roade pentru Dumnezeu (Romani 7:4). Noi nu suntem căsătoriți cu un Isus mort și neajutorat, ci cu un Isus viu și puternic. Ce anume am făcut noi la convertire? Ne-am dedicat Lui. Ne-am pus pe noi înșine în brațele Sale. Ne-am predat înaintea dragostei Lui. Și am început procesul de schimbare, prin puterea Lui. Dar, așa cum se petrece în orice căsătorie sănătoasă, trebuie să ne dedicăm pe noi înșine în mod continuu față de El. Ne-am dedicat cândva pentru prima oară, dar continuăm să ne dedicăm Lui constant, cu nădejde și predare față de El, clipă de clipă. Apoi, de-a lungul timpului, El produce cu credincioșie roada Lui, în și prin noi[8]. Sfințenia Lui începe să se arate nu doar prin puterea Lui miraculoasă în slăbiciunea și corupția noastră. Oamenii pot să vadă apoi frumusețea Lui în lumea de astăzi – în bisericile care sunt împodobite cu harul sfințeniei.

CAPITOLUL 3

EVANGHELIA PENTRU ORICE

„Cel ce şedea pe scaunul de domnie a zis: „Iată, Eu fac toate lucrurile noi"." (Apocalipsa 21:5).

Doctrina Evangheliei creează culturi ale Evangheliei, denumite biserici, în cadrul cărora se petrec lucruri minunate cu oameni nevrednici, spre gloria exclusivă a lui Hristos. Dar nu se sfârşeşte totul în bisericile noastre. O biserică definită prin Evanghelie este un semn profetic care îndreaptă privirea dincolo de ea însăşi. Ea este un cămin model al noii vecinătăţi pe care Hristos o construieşte pentru veşnicie[1]. Oamenii pot să păşească în cadrul acestui fel de biserică azi şi acum, pentru a vedea frumuseţea omenească ce va dura o veşnicie. O astfel de biserică face ca Raiul să fie real pentru oamenii de pe pământ, astfel încât ei să își poată pună credința în Hristos acum, cât mai au încă această șansă.

Apocalipsa 21 ne arată imensitatea reală a Evangheliei. Este la fel de mare pe cât e universul. Răscumpărarea este la fel de mare precum e creația. Cum ar putea sta lucrurile altfel? Istoria biblică începe aici: „La început, Dumnezeu a făcut cerurile și pământul" (Geneza 1:1), dar ea se sfârșește aici: „Apoi am văzut un cer nou și un pământ nou; pentru că cerul dintâi și pământul dintâi pieriseră, și marea nu mai era" (Apocalipsa 21:1).

Leslie Newbigin arată în felul următor importanța modului în care Biblia începe și se sfârșește: „Biblia este unică printre scrierile sacre ale religiilor lumii, și asta pentru că, în structura ei, este o istorie a cosmosului. Ea pretinde că ne arată forma, structura, originea și scopul nu doar pentru istoria omului, ci și pentru istoria cosmosului."[2]

Noi avem nevoie de o nădejde atât de mare. La urma urmei, trăim într-o lume care a fost „supusă deșertăciunii" (Romani 8:20). Suntem niște șchiopi ce trăiesc într-o lume șchioapă și, de aceea, experimentăm durerea zi de zi. Bob Dylan sumariza acest aspect în felul lui tipic:

> Sticle sparte, mese rupte
> Butoane rupte, porți frânte

Vase sparte, piese rupte
Străzile sunt pline de inimi frânte
Cuvinte frânte niciodată dornice să fie spuse
Totul este frânt.[3]

Faptul că vreun lucru funcționează câtuși de puțin în lumea aceasta este dovada îndurării lui Dumnezeu. Noi gândim uneori cam așa: „Unde este Dumnezeu? Viața mea este grea". Dar ar trebui să gândim mai degrabă astfel: „Viața merită trăită. Îți mulțumesc, Doamne". De ce nu suferim toți de cancer, SIDA și diabet? De ce nu plănuim fiecare dintre noi să ne ucidem unii pe alții? De ce, până la urmă, Îl iubim pe Isus? Există o singură explicație: Dumnezeu S-a coborât în această lume sucită, și ne susține pe toți, îndreptându-ne către Hristos: „sub brațele Lui cele veșnice este un loc de scăpare" (Deuteronom 33:27). Biblia spune că, exact în acest moment, Domnul Isus „ține toate lucrurile cu Cuvântul puterii Lui" (Evrei 1:3). John Calvin comenta astfel: „A ține este folosit în sensul de a îngriji și a păstra întreaga creație în starea ei adecvată. El vede că totul s-ar dezintegra rapid dacă nu ar fi susținut prin bunătatea Lui."[4]

Nădejdea Evangheliei este de departe mult mai mult decât un sfat psihologic care să ne ajute să ne ridicăm luni dimineață din pat. Priviți la măreția lucrurilor promise de Dumnezeu:

„Căci iată, Eu fac ceruri noi și un pământ nou; așa că nimeni nu-și va mai aduce aminte de lucrurile trecute, și nimănui nu-i vor mai veni în minte" (Isaia 65:17).

În acea zi finală și măreață, când vom păși împreună în noua creație, ai putea să îți întorci privirile către mine și să spui: „Hei, Ray, încerc să-mi amintesc: îi spuneam cumva acelei boli „cancer"? Așa se numea? O, nu contează. Hai să mergem mai departe!"

De fapt, această restaurare divină a ordinii create, văzută în viitor de către profeți, nu se află complet în viitor. Viitorul promis a aterizat în această lume acum 2000 de ani, când Isus a anunțat că El începea să împlinească profețiile din vechime (Luca 4:16-21). Iată de ce i-a vindecat Isus pe oameni. Vindecările Lui nu erau niște acte izolate. Ele erau o prevedere a lucrurilor fascinante din viitor. În multe aspecte nu sunt de acord cu teologia lui Jürgen Moltmann, dar el ne ajută să vedem cu claritate această realitate:

> „Atunci când Isus scoate demoni și vindecă bolnavi, El dă afară din creație puterile distrugătoare, vindecând și restaurând ființele create care sunt rănite și bolnave. Domnia lui Dumnezeu, pentru care vindecările dau mărturie, restaurează creația bolnavă, făcând-o sănătoasă. Vindecările făcute de Isus nu sunt minuni „supra-

naturale" ce au loc într-o lume naturală. Ele reprezintă singurul lucru cu adevărat „natural" într-o lume care este nenaturală, demonizată și rănită... În final, odată cu învierea lui Hristos, începe noua creație, pars pro toto, odată cu Cel răstignit."[5]

Învierea Domnului nostru ne oferă o licărire, într-un singur Om, o imagine a rasei omenești viitoare, cea răscumpărată. Isus cel în-viat este al doilea Adam, un nou început (1 Corinteni 15:45). Iar noi, care suntem credincioși, suntem părtași acestei vieți noi chiar de acum: „dacă este cineva în Hristos, este o făptură nouă" (2 Corinteni 5:17). Când devii creștin, nu adaugi pur și simplu ceva la vechea ta persoană, ci ești un om nou. Hristosul înviat locuiește în tine acum, și nu va pleca niciodată (Romani 8:10-11).

Oamenii care cred această Evanghelie imensă, o demonstrează practic. Noi suferim încă, asemenea celorlalți oameni. Totuși, suntem „întristați, și totdeauna veseli" (2 Corinteni 6:10) și „ne bucurăm în nădejdea slavei lui Dumnezeu" (Romani 5:2). Fiecare dintre noi este ca un om al străzii, care doarme sub un pod și mănâncă din resturi. Într-o zi apare o limuzină și din ea coboară un avocat care îi înmânează acelui om o scrisoare. Un unchi uitat de mult a murit și i-a lăsat moștenire o avere. Cecul va sosi în câteva zile. Dintr-o dată, adăpostul din cartoane nu mai pare atât de lipsit de nădejde. Acel om mai poate trăi în astfel de condiții pentru câtva timp, și asta pentru că o avuție imensă este pe drum.

În același fel, o biserică bogată în Evanghelie se bucură în nădejde. Noi suntem niște păcătoși sărmani, care pot să privească dincolo de circumstanțele actuale și să se bucure de viitor chiar acum, prin credință.

Mulțumită lui Isus, existența noastră este glorioasă chiar și acum, și avem promisiunea unei slavei veșnice care va veni. Cât de diferit este acest lucru de cinismul popular din zilele noastre. Dorothy Sayers descrie acest ethos în felul următor:

> „În lume, se numește toleranța, dar în Iad numele lui este disperare... este păcatul care nu crede în nimic, nu-i pasă de nimic, nu caută să cunoască nimic, nu interferează cu nimic, nu se bucură de nimic, nu urăște nimic, nu găsește nici un scop în ceva, trăiește pentru nimic, și rămâne viu pentru că nu există niciun lucru pentru care să moară."[6]

Disperarea este un păcat intelectual și social. Ea respinge doctrina Evangheliei și distruge cultura Evangheliei. Dar Dumnezeu creează în bisericile noastre cultura speranței, nădejdii și bunăvoinței, așa încât oamenii să poată vedea licărirea viitorului și, astfel, să ni se alăture.

Tuturor prietenilor mei creștini, le transmit următorul lucru: *Nu vom mai merge în Iad! Vom merge în cer pe vecie!*

Iar Raiul nu va consta din cântări în mijlocul unor coruri imense, acolo sus, în nori. Raiul va fi alcătuit din oameni reali, care vor trăi într-o creație reală, eliberată de orice rău și ruină, o creație înnoită, de o frumusețe inimaginabilă, pentru că Domnul va fi acolo cu noi.

Această Evanghelie strălucitoare are puterea să ne susțină în mijlocul suferințelor din această lume în același fel în care o stea l-a ajutat pe Sam Gamgee în mijlocul călătoriei sale dificile alături de Frodo, în trilogia Stăpânul Inelelor. În mijlocul tărâmului rău al lui Modor, Sam privea către cerul întunecat, când deodată norii s-au risipit pentru o clipă:

> „Sam a văzut o stea albă licărind pentru o clipă. Frumusețea ei i-a zdrobit inima, pe când el căuta ținutul uitat, și astfel speranța i s-a înnoit. Ca o săgeată, clară și rece, l-a străpuns gândul că, în final, umbra nu era decât un lucru mic și trecător. Dincolo de ea existau lumină și frumusețe inegalabile și veșnice."[7]

Apocalipsa 21:1-5 strălucește pe cerul nopții noastre. Promisiunea acestui pasaj nu va trece, oricât de întunecată ar fi noaptea. Haideți să privim la ea.

3.1. APOI AM VĂZUT UN CER NOU ȘI UN PĂMÂNT NOU

Pasajul începe astfel: „Apoi am văzut un cer nou și un pământ nou, pentru că cerul dintâi și pământul dintâi pieriseră, și marea nu mai era" (Apocalipsa 21:1).

Acest verset nu ne spune că Dumnezeu va arunca natura la coșul de gunoi. El ne spune că o va răscumpăra. Cuvântul-cheie de aici este „nou", și care se găsește de patru ori în pasajul mai larg (v. 1, 2, 5). „Nou" nu înseamnă că universul va fi complet nou, ca și cum n-ar mai exista nicio continuitate față de universul prezent. Aceasta înseamnă că universul prezent, cerul și pământul de astăzi, vor fi înnoite. Dumnezeu va restaura această creație, pe care El a făcut-o, pe care o stăpânește și o iubește – această creație unde noi înșine ne simțim ca acasă.

Repararea lucrurilor frânte este modalitatea lui Dumnezeu de a lucra. Am auzit vorbindu-se despre o mamă din Africa, al cărei copil a întrebat-o: „Ce face Dumnezeu cât este ziua de lungă?" Răspunsul ei înțelept a fost următorul: „Repară lucrurile care s-au stricat"[8]. Dumnezeu ia lucruri stricate, pe noi, și le înnoiește într-un fel care nu mai poate fi distrus. Nu va mai exista niciodată o altă „cădere a lui Adam" pentru a inversa viața cea nouă pe care Isus o creează.

De ce spune versetul 1 că „marea nu mai era"? Cartea Apocalipsa este o carte puternic simbolică, și Vechiul Testament explică adesea simbolismul Scripturii. Așa este și aici. Profetul Isaia scria: „cei răi sunt ca marea înfuriată, care nu se poate liniști, și ale cărei ape aruncă afară noroi și mâl" (Isaia 57:20). De-a lungul istoriei, oamenii răi au stârnit valuri de revolte sociale, alimentând mânia și frustrarea semenilor lor. Astfel de oameni n-au niciodată odihnă. Totuși, în acea zi finală și veșnică, nu va mai trebui să ne îngrijorăm cu privire la războaie, revolte, asasinări, prăbușiri ale piețelor, răpiri sau tendințe sociale degradante. Astfel, acest verset nu spune că nu va mai exista surfing în cer! Mai degrabă el spune că, atunci când Isus va veni, vom avea parte de o pace mondială reală.

3.2. ȘI AM VĂZUT COBORÂNDU-SE DIN CER CETATEA CEA SFÂNTĂ

De unde va veni acest minunat nou shalom? Va veni de sus. Ioan continuă: „și eu am văzut coborându-se din cer de la Dumnezeu, cetatea sfântă, noul Ierusalim, gătită ca o mireasă împodobită pentru bărbatul ei" (Apocalipsa 21:2).

Câtă vreme trăim în această lume, trebuie să facem tot binele de care suntem capabili. Dar nu vom reuși niciodată să construim cerul aici, pe pământ. Numai Dumnezeu poate face asta, și El o va face la cea de-a doua venire a lui Hristos – doar spre gloria Lui.

Dar ce anume va aduce Dumnezeu jos, la noi? Comunitatea perfectă. Imaginați-vă toți membrii bisericii voastre trăind împreună în dragoste perfectă, în simpatie, neprihănire și înțelegere. Mai mult, imaginați-vă o versiune mult mai diversă a bisericii voastre – cu reprezentanți din orice trib, orice limbă și orice popor – trăind împreună într-o astfel de modalitate în care fiecare prețuiește interesele celuilalt mai mult decât interesele proprii. Fără minciună. Fără impostură. Fără superioritate. Doar bucurie împărtășită. Muncă împreună și zel comun.

Promisiunea Evangheliei nu are de-a face doar cu ajungerea noastră în cer pentru a fi acolo, doar cu Isus. Promisiunea este că toți cei ce sunt poporul lui Dumnezeu vor fi cu El într-o comunitate glorioasă pentru totdeauna. Noi vom fi o cetate, un nou Ierusalim, locul adevărat și veșnic al existenței lui Dumnezeu în mijlocul poporului Său.

De ce o cetate? Parțial pentru că Raiul nu poate fi o cetate. Cain a inventat cetatea ca modalitate de a fugi de autoritatea lui Dumnezeu (Geneza 4:17). O cetate făcută de mâna omului este mai mult decât o mulțime de clădiri. Este un mecanism de a trăi independent de Dumnezeu. Într-un oraș, poți să trăiești în stilul tău. Pot să te ascunzi în el. Dar ce face Dumnezeu cu strategia noastră de a evada din prezența Lui? El transformă cetatea în Rai. Asta este ceea ce face un Răscumpărător!

Va fi o cetate sfântă. În ea nu va exista nici noroi, nici gunoi, nici graffitti, nici fum, nici mizerie sau zdrențe, și nici păcat. Las Vegas este denumit uneori „Orașul păcatului". Trist este faptul că, în profunzimea noastră, noi toți avem un gust către păcat, o înclinație către acesta, așa încât niciunul dintre noi nu poate privi de sus asupra Las Vegasului. Dar ce-ar putea face Dumnezeu, Răscumpărătorul nostru, orașului păcatului? Este greu de imaginat. Un lucru este sigur: un Las Vegas răscumpărat divin nu va fi un oraș plictisitor. Plictiseala este apanajul nostru și apoi construim locuri rele precum cazinourile, pentru a încerca să o contracarăm. Dar funcționează asta? Ai văzut vreodată oameni stând în fața mașinilor din cazino, aruncând cu bani în ele? Sunt ei cumva precum cei din reclame – tineri, arătând bine și bucurându-se din plin de viețile lor? Cetatea lui Dumnezeu nu va fi zidită pe promisiuni false. El nu este capabil să ne dezamăgească în felul acesta. Cetatea Lui sfântă, Noul Ierusalim, ne va împlini în modalități după care am tânjit întotdeauna.

Aici este esența. Cetatea sfântă va fi mai mult decât o comunitate orizontală, pe cât de minunată va fi ea. Cetatea sfântă va fi de asemenea o mireasă împodobită pentru Mirele ei ceresc (v. 2). Cartea Apocalipsa vorbește anterior despre „nunta Mielului" (Apocalipsa 19:7). Și acest lucru poate fi dificil pentru imaginația noastră. Există momente în viață când cu greu putem crede că Hristos ne iubește, și cu greu Îl iubim. Dar lucrurile nu vor sta întotdeauna așa. Promisiunea Evangheliei este că bisericile noastre vor fi „împodobite pentru Mirele nostru". Dragostea Lui va vindeca rușinea noastră și ne va ridica din necredință și letargie. Acolo Îl vom iubi cu o dragoste fierbinte, așa cum El ne-a iubit dintotdeauna, cu intensitate, din toată inima Lui.

Acea zi minunată nu se va sfârși niciodată. Luna de miere nu se va sfârși nicicând. Experiența noastră totală va fi mereu și mereu caracterizată de dragoste între noi și Mântuitorul nostru. Nu vom trăi niciodată nimic altceva și nimic mai puțin.

3.3. CORTUL LUI DUMNEZEU CU OAMENII

Promisiunile glorioase se desfășoară tot mai mult:

> „Și am auzit un glas tare, care ieșea din scaunul de domnie, și zicea: „Iată cortul lui Dumnezeu cu oamenii! El va locui cu ei, și ei vor fi poporul Lui, și Dumnezeu însuși va fi cu ei. El va fi Dumnezeul lor. El va șterge orice lacrimă din ochii lor. Și moartea nu va mai fi. Nu va mai fi nici tânguire, nici țipăt, nici durere, pentru că lucrurile dintâi au trecut" (Apocalipsa 21:3-4).

În viețile noastre de acum poate exista atât de multă durere, atât de multe regrete, atât de multe lacrimi, încât nimeni să nu le vadă. Zdrobiți de tumultul vieților noastre, putem uneori să ne întrebăm nedumeriți: „Aș mai putea fi vreodată fericit? Aș putea să-mi recapăt vreodată viața? Este viitorul meu ceva la care trebuie pur și simplu să renunț?"

Dar cum ar fi dacă aceste versete minunate ar fi adevărate? Ce--ar fi dacă ele descriu viitorul nostru în Hristos?

Esența este aceasta: „Dumnezeu Însuși va fi cu ei. El va fi Dumnezeul lor." Vine o zi când vom avea parte de prezența imediată a lui Dumnezeu, iar prezența Lui nu va fi una care să ne mustre, ci o prezență mângâietoare. Ne vom afla în prezența Lui nu pentru că am fi reușit să depășim păcatele noastre și să ne cățărăm acolo sus, ci pentru că Hristos a luat asupra Lui toate păcatele și tristețea noastră, oferindu-ne în schimb îndurările Sale suave și nelimitate. El va deschide înaintea noastră bucuriile veșnice care sunt în prezent ascunse în realitățile sacre care țin de Ființa lui Dumnezeu. Aceasta este marea promisiune a Evangheliei. Și ea este oferită tuturor celor care cred, prin meritele exclusive ale lui Hristos. Altfel, ar trebui să ne minunăm: „Cum ar putea cineva ca mine să aibă parte de Dumnezeu?" Datorită meritelor lui Hristos, întrebarea reală este aceasta: „Cum ar putea cineva ca mine să Îl respingă pe Dumnezeu?"

Prietene, nu Îl respinge pe Dumnezeu! Există ceva care te împiedică să Îl primești pe Dumnezeu ca bucuria ta veșnică?

În perioada Vechiului Testament, Dumnezeu locuia în mijlocul poporului Său în cortul întâlnirii, apoi la templu (Exod 25:8). Dumnezeu i-a spus lui Solomon că, atâta vreme cât regele asculta de El, Dumnezeu avea să rămână în mijlocul poporului Său (1 Împărați 6:11-13). Dar Solomon și descendenții lui la tron nu au ascultat, așa încât slava Lui s-a îndepărtat (Ezechiel 9-11). Totuși, chiar și înainte de a fi îndepărtată, zidurile templului separau prezența lui Dumnezeu de poporul Lui.

În acea zi măreață și nesfârșită, promisă în Apocalipsa 21, nu vor mai exista ziduri, nici separare, nici distanță și nici absență. În loc, va exista o relație directă, personală, apropiată, cu Dumnezeu, și asta pe vecie. În prezența Lui, nu va mai fi nici durere, nici suferință. El va șterge orice lacrimă din ochii noștri. Durerea profundă și suferințele noastre din această viață vor fi pe deplin încheiate. Ne vom ridica vindecați, înnoiți, și nu vom mai plânge niciodată.

Aceasta este speranța neprețuită care ni se dă în Scriptură: „Dumnezeu însuși va fi cu ei. El va fi Dumnezeul lor."

O, cu câtă înverșunare ar trebui să urâm evanghelia prosperității și promisiunea ei de îmbogățire lumească, în detrimentul lui Isus! Acea evanghelie falsă Îl insultă pe Dumnezeu, așezându-L pe locul doi, ca și cum ar fi treapta unei scări care duce către un loc de muncă mai bun sau către o casă mai mare. Evanghelia prosperității ne fură, îndepărtându-ne inimile de la singura bucurie pentru care am fost creați – Dumnezeu.

Iată promisiunea adevăratei Evanghelii, așa cum o descrie Jonathan Edwards:

„Acolo, în cer, acest infinit Izvor de dragoste – acest veșnic Trei în Unul – se deschide fără existența unui obstacol care să ne împiedice accesul la El... Acolo, acest Dumnezeu glorios este revelat și strălucește în slava Sa deplină, în raze de iubire. Acolo, acest izvor glorios curge veșnic în râuri, da, în râuri de dragoste și fericire, iar aceste râuri se adună într-un ocean de dragoste, în care sufletele celor răscumpărați se vor îmbăia cu cea mai mare bucurie, iar inimile lor vor fi inundate de dragoste!"[9]

3.4. EL FACE TOATE LUCRURILE NOI

Ioan își încheie această porțiune cu un decret regal: „Cel ce ședea pe scaunul de domnie a zis: „Iată, Eu fac toate lucrurile noi"" (Apocalipsa 21:5).

Aceasta este măreția adevărată a Evangheliei biblice: nu va exista nimic vechi, afectat, impur sau obosit în Împărăția radiantă a lui Hristos. Nu ne vom întâlni cu nimic care să aibă atașată o memorie sau un trecut trist. Orice vom experimenta, orice nouă asociere sau lucru care ne va rămâne în memorie, va crește exponențial, va purifica și intensifica bucuria noastră pe veci, întrucât acolo totul vine din mâna lui Dumnezeu.

Cum se pot petrece toate aceste lucruri? Prin Acela care este așezat pe tron, care va face ca toate lucrurile să fie minunat de noi. Cine va pune capăt războiului? Cine îl va învinge pe Satana? Cine va face dreptate popoarelor? Cine va repara stricăciunile și ruina cauzate de toate păcatele noastre? El va face toate acestea, El – Regele nostru, care domnește chiar și acum de pe tronul Său de har, a cărui slavă este veșnică!

Aceasta este doctrina Evangheliei.

3.5. DE LA DOCTRINĂ LA CULTURĂ

Cum conduce această doctrină a Evangheliei la o cultură a Evangheliei? Ea creează biserici care au o nădejde strălucitoare, durabilă și statornică. Ea creează biserici care înfruntă viața așa cum este ea și care nu cad învinse.

Nu există nimic mărunt în legătură cu o biserică, atunci când ea crede această Evanghelie uriașă și nobilă. Și nu există niciun lucru pe care această lume îl poate cauza bisericilor noastre și pe care Mântuitorul nostru să nu Îl repare și să nu-l folosească pentru a ne ridica mai aproape de casa noastră veșnică. Apostolul Pavel, care avusese parte de greutățile acestei lumi mai mult ca oricine, ne încuraja astfel: „De aceea, noi nu cădem de oboseală. Ci chiar dacă omul nostru de afară se trece, totuși omul nostru dinlăuntru se înnoiește din zi în zi. Căci întristările noastre ușoare de o clipă lucrează pentru noi tot mai mult o greutate veșnică de slavă" (2 Corinteni 4:16-17).

În fața tuturor lucrurilor care par să ne despartă de Dumnezeu, această siguranță zidește în noi o rezistență bucuroasă față de lume. Și face aceasta în două modalități.

În primul rând, nădejdea Evangheliei ne face să fim bucuroși și îndrăzneți în fața oricăror dezamăgiri pe care le-am putea îndura în această lume imperfectă. Augustin ne învăța astfel:

> „Ești surprins că lumea își pierde din farmecul ei, că lumea îmbătrânește? Gândește-te la om: se naște, crește, și apoi îmbătrânește. Bătrânețea vine cu durerile și plângerile ei: tuse, tremurat, vedere slabă, anxietate, oboseală teribilă. Omul îmbătrânește și începe să se plângă. Lumea este bătrână și este plină de necazuri presante... Nu te agăța de omul cel vechi, de lumea aceasta! Nu refuza să îți recapeți tinerețea în Hristos, care îți spune: „Lumea trece, își pierde frumusețea, își pierde respirația. Nu te teme. Tinerețea ta va fi înnoită ca a vulturului."[10]

În al doilea rând, nădejdea Evangheliei și triumful Mântuitorului nostru ne fac să fim veseli și curajoși chiar și în fața păcatelor și a eșecurilor noastre. Martin Luther ne încuraja astfel:

„Atunci când diavolul ne aruncă în ochi acuzele păcatelor noastre și spune că merităm moartea și Iadul, ar trebui să îi vorbim astfel: „Da, recunosc că merit moartea și Iadul. Și ce-i cu asta? Înseamnă asta că trebuie să fiu condamnat la pedeapsa veșnică? În niciun caz, căci Îl cunosc pe Acela care a suferit și a împlinit cerințele dreptății în locul meu. Numele Lui este Isus Hristos, Fiul lui Dumnezeu. Acolo unde este El, acolo voi fi și eu.""[11]

CAPITOLUL 4

CEVA NOU

„Îți scriu aceste lucruri cu nădejdea că voi veni în curând la tine. Dar dacă voi zăbovi, să știi cum trebuie să te porți în casa lui Dumnezeu, care este Biserica Dumnezeului celui viu, stâlpul și temelia adevărului" (1 Timotei 3:14-15).

Am privit la mesajul Evangheliei la trei niveluri – Vestea Bună pentru noi înșine, pentru Biserică și pentru creație. Haideți să mergem mai departe, către implicațiile ei pentru bisericile noastre. În mod specific, ne întrebăm ce anume creează Evanghelia în prezent, lucruri care să nu fi existat înainte?

Evanghelia nu plutește în aer, ca un lucru abstract. Prin puterea lui Dumnezeu, Evanghelia creează ceva nou în lumea de azi. Ea nu creează doar o comunitate nouă, ci *un fel nou* de comunitate. Bisericile centrate în Evanghelie sunt dovada vie a faptului că Vestea Bună este adevărată, că Isus nu este o teorie, ci este real, întrucât El ne readuce umanitatea. În doctrina și cultura ei, în cuvinte și fapte, o astfel de biserică face vizibilă umanitatea restaurată, pe care doar Hristos o poate da.

EVANGHELIA

În convingătorul său eseu, intitulat *2 Contents, 2 Realities*, Francis Schaeffer propune patru lucruri care să caracterizeze o biserică înrădăcinată în Evanghelie: învățătura sănătoasă, răspunsuri oneste la întrebări oneste, o spiritualitate autentică și frumusețea relațiilor între oameni. Totuși, ultima dintre aceste patru, anume frumusețea relațiilor dintre oameni, este probabil primul lucru pe care cei din exterior îl vor observa, atunci când vor intra într-o biserică. Adevărata frumusețe îi face pe oameni să se oprească și să privească. Dar „dacă noi nu arătăm frumusețea aceasta prin felul în care ne tratăm unii pe alții, atunci, în ochii lumii și în ochii propriilor noștri copii, practic distrugem adevărul pe care îl propovăduim."[1]

O obiecție obișnuită la adresa Evangheliei este aceasta: „priviți la bisericile voastre!" Și nici nu e nevoie să se spună altceva. O persoană îndoielnică poate găsi un motiv să respingă pretențiile adevărate ale Evangheliei doar prin a privi la tonul relațiilor din bisericile noastre. Și de ce nu? Evanghelia este testată în viața reală din bisericile noastre. Dacă oamenii vor să știe care este produsul Evangheliei, ar fi ei nedrepți dacă privesc la biserică? Eu nu cred.

Haideți să facem o paralelă. Dacă aș vrea să examinez marxismul, pot să citesc două mii de pagini ale operei *Capitalul*, de Karl Marx, sau pot să mă uit la țările care au pus în aplicare marxismul. De exemplu, Uniunea Sovietică a sucombat în 1991 sub povara stupidității ei tragice. Ce anume a funcționat greșit? Au eșuat sovieticii să trăiască prin marxismul lor? Nu, tocmai credincioșia lor față de marxism i-a distrus. Marxismul nu poate funcționa pentru că nu este clădit pe adevărul despre Dumnezeu și despre om. El este zidit pe o fantezie a idealizării de sine a omului.

Tot așa, poți să tratezi creștinismul examinându-l fie prin a face un doctorat în studii biblice, fie, mai simplu, prin a te scula cu puțin timp mai devreme duminică dimineața și a vizita o biserică. Evanghelia ar trebui să fie întruchipată cel mai clar în bisericile noastre. De aceea, felul în care noi ne „purtăm în casa lui Dumnezeu" contează pentru orice persoană din jurul nostru.

Tocmai acesta este sensul ideii lui Pavel din 1 Timotei 3:14-16. Pavel voia să îl viziteze pe Timotei, dar planurile sale de călătorie erau nesigure, așa că i-a transmis gândurile sale în avans, printr-o epistolă. În ea, el spune o mulțime de lucruri minunate – ce este Evanghelia, ce este un lider, care este scopul banilor, și așa mai departe. Dar, chiar în mijlocul Epistolei, Pavel observă că scopul ei era acesta: „să știi cum trebuie să te porți în casa lui Dumnezeu, care este Biserica Dumnezeului celui viu, stâlpul și temelia adevărului" (1 Timotei 3:15).

4.1. CÂNTĂRIND CELE DOUĂ CULTURI

Ne vom uita acum un pic mai detaliat la aceste versete. Singurul răspuns față de o cultură este o altă cultură – nu doar un concept, ci o cultură contrară. O biserică ar trebui să ofere lumii o astfel de contra-cultură, o întruchipare vie a Evangheliei.

EVANGHELIA

Cultura în care noi trăim este „stâlpul și temelia" multor evanghelii false. De exemplu, una dintre minciunile cele mai distructive care alimentează cultura occidentală de astăzi este ceea ce unii denumesc Deismul Moralist Terapeutic.[2] Iată care este mesajul lui:

1. Există un Dumnezeu care veghează peste viața omului de pe pământ.
2. Dumnezeu vrea ca oamenii să fie buni, politicoși și amabili unii cu alții.
3. Scopul central al vieții este acela de a fi fericit și de a te simți bine în propria persoană.
4. Dumnezeu nu vrea să fie implicat în mod specific în viața cuiva, cu excepția situațiilor când acea persoană are nevoie de El pentru a rezolva o problemă.
5. Oamenii buni merg în cer după moarte.

Ce fel de cultură creează deismul moralist terapeutic? Una în care tot ceea ce facem noi este „orice ne face să ne simțim bine cu privire la noi înșine"[3]. Cu greu ar putea să ne ceară ea pocăința sau ilustrarea puterii lui Dumnezeu – și astfel ea nu oferă nicio speranță. Înaintea noastră nu stă decât judecata. Dar această religie falsă este răspândită peste tot în zilele noastre. De aceea, Dumnezeu cheamă bisericile noastre să se ridice ca o alternativă clară la această religie populară, dar puternic mincinoasă.

În lumea de astăzi, nu există nimic care să se asemene cu Biserica – un nou fel de comunitate, creată de Dumnezeu, care face ca Evanghelia să fie vizibilă și care este convingătoare într-o lume ce crede în orice, *numai* în Evanghelie nu.

Isus a spus: „Eu am venit să arunc un foc pe pământ" (Luca 12:49). În cartea sa, minunat intitulată *The Incendiary Fellowship*, Elton Trueblood ne explică cum s-a petrecut acest lucru în biserica primară:

> „Ce a fost uimitor pentru romanii din acea vreme a fost caracterul incendiar al părtășiei creștinilor timpurii, iar aceasta a fost uimitoare tocmai pentru că nu exista nimic în viața lor de până atunci care să fi fost câtuși de puțin asemănătoare ei. Romanii practicau religia din plin, dar nu se asemăna în niciun fel cu aceasta... Caracterul unic al creștinismului, în manifestarea lui originală, consta din faptul că oamenii simpli puteau fi uimitor de puternici, atunci când erau membre unii altora. Așa cum noi toți știm, este aproape imposibil să faci un foc cu un singur lemn, chiar dacă este un lemn sănătos. Dar mai multe lemne, chiar și de calitate mai slabă, pot face un foc mare, atunci când sunt adunate împreună și cuprinse de foc. Miracolul bisericii primare a constat în faptul că sărmanele bețișoare au creat un foc grandios."[4]

EVANGHELIA

Când vine vorba de mărturia bisericii, apologetica poate contribui la înaintarea Evangheliei. Dumnezeu dorește, în harul Lui, să dea un răspuns satisfăcător întrebărilor minților noastre. Așa că, haideți să ne îmbunătățim la felul în care explicăm rațiunea Evangheliei înaintea prietenilor noștri îndoielnici. *Frumusețea relațiilor inter-umane din biserică este în ea însăși un argument în favoarea Evangheliei,* la fel cum romantismul și afecțiunea care rezistă o viață întreagă sunt argumente în favoarea căsătoriei, în vremuri când se ridică semne de îndoială cu privire la aceasta. Atunci când oamenii se îndoiesc de Evanghelie, o biserică frumoasă, care stă unită, reprezintă un argument în fața căreia nu se mai poate ridica vreo obiecție de către lumea noastră mânioasă și divizată. Oamenii din afară răspund acesteia așa cum un tânăr arhitect a răspuns Părtășiei Abri din Elveția: „Aș vrea să-ți spun", îi spunea el lui Francis Schaeffer, „că oridecâteori am fost aici, m-am simțit o ființă omenească"[5]. Așa a ajuns el să creadă în Hristos.

Nu bisericile fac ca Evanghelia să fie adevărată. Ea este adevărată chiar și atunci când casa lui Dumnezeu se comportă rău. Dar oamenii pot *vedea* că este adevărată, iar cei îndoielnici sunt convertiți atunci când „dulceața Domnului" (Psalmii 90:17) se manifestă prin noi.

Așadar, conștientizând cât de strategice sunt bisericile noastre „în apărarea și întărirea Evangheliei" (Filipeni 1:7), haideți să medităm mai mult, pe măsură ce parcurgem pasajul din 1 Timotei 3:14-16.

4.2. CASA LUI DUMNEZEU

Preocuparea lui Pavel din această epistolă, așa cum am văzut, este legată de „cum trebuie să te porți în casa lui Dumnezeu" (1 Timotei 3:15).

Cuvântul „casă" are sensul de familie. Aceasta este o biserică, întrucât Dumnezeu este Tatăl nostru (Efeseni 2:18-19). El ne-a adoptat drept copii ai Lui, prin Hristos (Romani 8:15). Justificarea ne curăță legal de vinovăție înaintea Judecătorului nostru, dar înfierea ne include emoțional în inima Tatălui nostru. Ai putea să te gândești la diferența dintre a îngriji de copiii cuiva și de a veghea la propriii copii. Sigur, te ocupi în mod sincer de alții copii, dar grija față de copiii tăi este diferită. Ca să fiu mai concret, atunci când copilul tău vomită pe hainele tale este un lucru mai puțin dezgustător ca atunci când se întâmplă cu un alt copil, nu-i așa? Acesta este felul în care Dumnezeu ne iubește – căci noi suntem copiii Lui, cu toate problemele noastre.

Dar cum ar trebui să ne purtăm în casa lui Dumnezeu, Tatăl nostru?

Poate că, pe măsură ce ai crescut, haosul a domnit în familia ta. Poate că copiii și chiar părinții s-au purtat crud cu tine. Unele familii chiar arată în felul acesta.

Dar casa lui Dumnezeu nu trebuie să fie niciodată așa. Un astfel de comportament este denigrator la adresa Tatălui nostru. El vrea ca noi să ne comportăm în modalități care să ilustreze inima Lui și cine este

EVANGHELIA

El. Aceasta înseamnă că nu trebuie să importăm în comunitățile bisericilor noastre de astăzi modelele eșuate ale familiilor noastre pământești din trecut. Noi nu învățăm cum să ne comportăm în casa lui Dumnezeu prin a ne uita înapoi în familiile noastre, ci prin a ne îndrepta privirile în sus, către Tatăl nostru: „Urmați dar pilda lui Dumnezeu ca niște copii preaiubiți" (Efeseni 5:1). Biserica este un fel de comunitate pe care această lume nu o poate crea.

Noi Îl vedem pe Tatăl întruchipat cel mai clar în Fiul. Asemănarea dintre cei doi este atât de mare, încât Isus a spus: „Cine M-a văzut pe Mine, a văzut pe Tatăl" (Ioan 14:9). Cum ar putea atunci ca lumea aceasta stricată să vadă frumusețea de nedescris a Tatălui și a Fiului în bisericile noastre? Sunt puține pasajele biblice care exprimă acest lucru mai bine ca Fericirile lui Isus:

> „Ferice de cei săraci în duh, căci a lor este Împărăția cerurilor!
> Ferice de cei ce plâng, căci ei vor fi mângâiați!
> Ferice de cei blânzi, căci ei vor moșteni pământul!
> Ferice de cei flămânzi și însetați după neprihănire, căci ei vor fi săturați!
> Ferice de cei milostivi, căci ei vor avea parte de milă!
> Ferice de cei cu inima curată, căci ei vor vedea pe Dumnezeu!
> Ferice de cei împăciuitori, căci ei vor fi chemați fii ai lui Dumnezeu!
> Ferice de cei prigoniți din pricina neprihănirii, căci a lor este Împărăția cerurilor!" (Matei 5:3-10).

CEVA NOU

Esența Fericirilor și scopul lor este să ne spună cum să ne purtăm în casa lui Dumnezeu. Ele stabilesc tonul în noua împărăție a lui Isus. Este izbitor faptul că Isus Și-a început prima predică extinsă prin a sublinia și a portretiza cultura Evangheliei.

Compunând un opus al fiecăreia dintre fericiri, putem să vedem mai ușor cât de mare este schimbarea produsă de intrarea în Împărăția lui Hristos:

> Binecuvântați sunt cei vrednici de meritele lor, căci astfel își capătă calea către răsplată.
>
> Binecuvântați sunt cei ce n-au nicio grijă, căci ei se simt confortabil.
>
> Binecuvântați sunt cei care dau din coate, căci ei vor câștiga.
>
> Binecuvântați sunt cei ce au o neprihănire proprie, căci ei nu au nevoie de nimic.
>
> Binecuvântați sunt cei ce se răzbună, căci ei vor fi de temut.
>
> Binecuvântați sunt cei care nu sunt prinși în greșeală, căci ei arată bine înaintea celorlalți.
>
> Binecuvântați sunt cei ce tot aduc argumente, căci ei vor avea ultimul cuvânt.
>
> Binecuvântați sunt cei ce câștigă mereu, căci ei își croiesc singuri calea.

EVANGHELIA

Nu descriu aceste „fericiri" lumea de azi? Dar care dintre aceste două culturi – Împărăția lui Hristos sau împărăția acestei lumi – descrie mai precis biserica ta? Casa lui Dumnezeu trebuie să ofere o alternativă clară și iubitoare față de nebunia acestei lumi. În bisericile noastre, Dumnezeu ne cheamă să umblăm după ceva mai bun decât am experimentat vreodată mulți dintre noi.

Familia lui Dumnezeu este locul unde oamenii se comportă într-o modalitate nouă. Mă gândesc că aș putea descrie asta ca pe o ecuație simplă: Evanghelie + siguranță + timp. Familia lui Dumnezeu este locul unde oamenii ar trebui să descopere o mulțime de dovezi ale Evangheliei, o mulțime de motive pentru a se simți în siguranță și o mulțime de timp. Cu alte cuvinte, oamenii din bisericile noastre au nevoie de:

- Modalități multiple de manifestare a Veștii Bune a Evangheliei, de la un capăt al Bibliei la celălalt;
- Siguranța unei compasiuni care nu acuză, așa încât ei să își recunoască cu onestitate problemele, și
- Timp suficient să se gândească repetitiv la viețile lor, la un nivel profund, întrucât oamenii sunt complecși și schimbarea nu este ușoară.

Într-o biserică grijulie ca aceasta, nimeni nu este pus sub presiune sau izolat pentru a fi jignit. Orice persoană este liberă să își deschidă inima și toți creștem laolaltă, privind la Isus. Acest comportament bun din casa lui Dumnezeu dictează tonul stabilit prin Evanghelie + siguranță + timp pentru oricine. Aceasta este ceea ce pune deoparte o biserică în calitate de model nou de comunitate.

John Calvin ilustra felul în care iertarea dată de Dumnezeu trebuie să ne spele continuu în bisericile noastre, pentru a ne păstra și proteja:

> „Nu doar că Domnul ne primește și ne înfiază odată pentru totdeauna în biserică, prin iertarea păcatelor, dar, prin aceleași mijloace, El ne păstrează și ne protejează acolo. La ce ar mai avea sens acordarea unei iertări, dacă nu ne-ar folosi la nimic?... Așadar, purtând urmele păcatului cu noi de-a lungul vieții, dacă nu suntem susținuți de harul constant al Domnului, prin iertarea păcatelor noastre, cu greu am putea rămâne în biserică chiar și o clipă. Dar Domnul Și-a chemat copiii la o mântuire veșnică. De aceea, ei trebuie să se gândească la faptul că există iertare pregătită întotdeauna pentru păcatele lor. De aceea, trebuie să credem cu fermi-tate faptul că, prin generozitatea lui Dumnezeu, mediată de meritele lui Hristos, prin sfințirea făcută de Duhul, păcatele noastre ne-au fost și ne sunt zilnic iertate, nouă, celor care am fost primiți și altoiți în trupul Bisericii."[6]

Este aceasta ceea ce păcătoșii experimentează în biserica ta – un loc sigur, unde Domnul „ne păstrează și ne protejează"? Sau experiența lor cu biserica ta este ca un loc al rușinii și anxietății?

Disciplina bisericii este biblică, evident. Ea ar trebui să se petreacă atunci când comportamentul greșit al cuiva în casa lui Dumnezeu desacralizează Numele Tatălui și afectează siguranța altor membri ai familiei. Păcatul grav, care necesită disciplina formală a bisericii, este acela care subminează însăși cultura Evangheliei – de exemplu, prin bârfă[7]. Este așa cum un prieten păstor îmi spunea recent: „Atunci când un păcătos se pocăiește, prezbiterii trebuie să protejeze acel păcătos de biserică. Când păcătosul este arogant, prezbiterii trebuie să protejeze biserica de acea persoană."

Scopul nu este să facem din biserică un loc sigur pentru păcat. Nu, ci să o facem un loc sigur pentru mărturisire și pocăință. Atunci când Evanghelia harului lui Hristos definește atât doctrina cât și cultura unei biserici, membrii ei pot să își mărturisească și să abandoneze păcatele lor în siguranță. Într-o astfel de biserică, chiar și păcătoșii „extremi" se pot regăsi iertați și eliberați într-un chip minunat.

4.3. BISERICA DUMNEZEULUI CELUI VIU

Sfinții adunați împreună nu doar că reprezintă casa lui Dumnezeu, spune Pavel, ci ei sunt și „Biserica Dumnezeului celui viu" (1 Timotei 3:15).

Cuvântul „*biserică*" are sensul unei adunări de oameni[8]. Ei nu sunt doar un grup sau o categorie demografică. Ei sunt o adunare reală de oameni.

Cum ar putea fi altfel? Noi, cei care credem în Isus, am fost chemați la o separare de ceea ce am fost înainte. Oridecâteori ne adunăm împreună în Numele Lui, creștem în El. Isus a spus: „Veniți, căci iată că toate sunt gata" (Luca 14:17). Duhul Sfânt S-a pogorât la Cincizecime atunci când „erau toți împreună în același loc" (Faptele Apostolilor 2:1). Puterea Lui minunată a crescut Biserica atât numeric, cât și în profunzimea părtășiei comunității (Faptele Apostolilor 2:41-47). Biserica din Ierusalim, din Faptele Apostolilor, îndrăgea să se întâlnească.

Poporul adunat al lui Dumnezeu are o forță deosebită îndreptată către schimbarea dirijată de Evanghelie. Așa cum se spunea în zilele radicale din anii 1960, „revoluție înseamnă să ne vedem unii pe alții îndelung de mult".[9]

În calitate de Biserică a „Dumnezeului celui viu", noi am fost convertiți în chip miraculos. Anterior, Dumnezeu nu era decât o proptea pe scena dramelor centrate în noi înșine. Am fi putut să Îl dorim, dar nu foarte mult. Cu siguranță voiam să fim iertați și să mergem în cer. Și Îl doream în apropierea noastră, atunci când viața ajungea suficient de rea. Dar, altfel, preferam să ne vedem singuri de viețile noastre. În realitate, eram alergici la Dumnezeu și vii față de idealurile noastre false.

Dar totul s-a schimbat apoi. Duhul Sfânt ne-a trezit pentru a-L vedea pe Dumnezeu într-o modalitate nouă – nu ca soluția noastră de ultim moment, ci ca izvor al vieților noastre. În profunzimea ființei noastre, noi tânjim acum după Dumnezeul care ne păzește și continuă să ne atragă la El și, chiar dacă rămânem inconsecvenți, El este dorința noastră cea mai înflăcărată. Iar această dorință nu va muri niciodată. În bisericile noastre, noi toți împărtășim aceeași bătaie a inimii, iar Domnul ni Se dedică în cel mai puternic mod în adunările noastre, chiar și în cele mai neînsemnate dintre ele: „Căci acolo unde sunt doi sau trei adunați în Numele Meu, sunt și Eu în mijlocul lor" (Matei 18:20). Aceasta face ca orice biserică credincioasă să fie o mărturie a Dumnezeului celui viu într-o lume a idolilor morți.

4.4. STÂLPUL ȘI TEMELIA ADEVĂRULUI

În final, Pavel observă în acest pasaj că Biserica este „stâlpul și temelia adevărului" (1 Timotei 3:15). Ce înseamnă asta? Ce anume face un stâlp? Susține lucrurile. Ce face o temelie? Ține toate lucrurile strâns legate. Cu alte cuvinte, o biserică credincioasă ține Evanghelia sus pentru ca oricine să o vadă și, prin mărturia ei, face ca Evanghelia să fie credibil și solid reprezentată.

Biserica ta este chemată să fie un stâlp care să înalțe adevărul Evangheliei. Acel singur adevăr care va dura mai mult decât universul, singurul adevăr care poate să îi ajute pe păcătoși și pe cei în suferință chiar acum, merită să fie arătat tuturor cu claritate. Trebuie să nu permitem niciunui lucru din bisericile noastre să intre în competiție cu vizibilitatea aceasta deosebită a Evangheliei. Nicio biserică nu are dreptul să acționeze precum un avizier comunitar de la magazinul local, acoperit cu afișe, cărți de vizită, reclame pentru închiriat apartamente sau anunțuri privind animale de casă pierdute. Tot așa, n-ar trebui să permitem ca alte agende să intre în competiție pentru a captiva atenția oamenilor. O biserică există pentru a fi un stâlp care ține sus adevărul lui Isus, așa încât acesta să fie vizibil pentru oricine.

Dar o biserică este chemată în același timp să fie o temelie. De ce? Pentru că Evanghelia nu este percepută atât de puternic de mulți oameni. Sunt alte lucruri care le captivează atenția – o nouă dietă, o imagine de sine mai bună, obținerea celor mai bune locuri la facultate pentru copiii noștri. Astfel de lucruri ce distrag atenția par să fie cheia unui viitor mai bun, în timp ce Evanghelia pare o opțiune de viață învechită, care poate fi adoptată pentru sfârșitul de săptămână de cei care sunt de fel mai religioși. Mulți oameni își iau deciziile în ce privește Evanghelia pe baza *a ceea ce simt*. Și tocmai aici trebuie să intervină temelia. O biserică poate să ofere o dovadă vie și palpabilă asupra faptului că Evanghelia poate produce schimbări reale în oameni reali ce trăiesc într-o lume reală. Acesta este un alt motiv pentru care noi ne adunăm – pentru a întruchipa adevărul Evangheliei împreună, așa încât oamenii să fie atrași de el. În calitate de stâlp și temelie a adevărului, bisericile noastre sunt Planul A al lui Dumnezeu pentru răscumpărarea lumii. Iar El nu are niciun Plan B.

Nicio biserică nu ar trebui să existe pentru a se înălța pe sine, la fel cum niciun stâlp sau temelie nu atrage atenția către sine. Orice biserică există pentru adevărul glorios despre Isus Hristos, care – Pavel continuă în versetul 16 – „a fost arătat în trup, a fost dovedit neprihănit în Duhul, a fost văzut de îngeri, a fost propovăduit printre Neamuri, a fost crezut în lume, a fost înălțat în slavă". Bisericile noastre există aici pentru El și doar pentru El. Fie ca orice lucru care intră în competiție cu acest obiectiv să cadă pentru totdeauna la picioarele Lui!

Orice biserică credincioasă este dragă inimii lui Dumnezeu tocmai pentru că ea Îl întruchipează pe Isus în plinătatea gloriei Sale. Timothy Dwight (1752-1817), președintele Universității Yale, a conștientizat acest lucru atât de profund, încât a scris următoarele versuri:

> Iubesc Împărăția Ta, Doamne,
>
> Casa unde Tu locuiești,
>
> Biserica răscumpărată de Domnul nostru binecuvântat,
>
> Cu sângele Lui prețios.
>
> Lacrimile mele vor cădea pentru ea,

CEVA NOU

Rugăciunile mele se vor înălța pentru ea,
Către ea se vor îndrepta preocupările și truda mea
Până când lucrarea și grija se vor sfârși.
Dincolo de cea mai mare bucurie personală,
Eu prețuiesc căile ei cerești,
Comuniunea ei duioasă, jurămintele solemne,
Imnurile ei de dragoste și laudă.[10]

Nu sunt multe persoane care scriu azi versuri ca acestea. Dimpotrivă, oamenii încearcă să afișeze propriile lor versiuni de creștinism, aleg cum vor versete din Biblie și se îndepărtează costisitor de dedicarea față de biserică. Problema legată de această atitudine nu ține doar de prețuirea slabă a bisericii, ci ea constituie și o abordare minimalistă a creștinismului. Este o încercare de a supraviețui cu cât de puțin este posibil, și totuși să îți păstrezi pretenția de creștin. Ea Îl face pe Domnul slavei să arate ca o persoană fără valoare, cineva pentru care nu merită să trăiești. Dar unde găsim oare aceste lucruri în Evanghelie?

Puterea Evangheliei creează ceva cu totul diferit în lumea de astăzi. Ea creează biserici care, împrumutând exprimarea lui John Piper, Îl înalță pe Dumnezeu, Îl adoră pe Hristos, sunt pline de Duhul, se bucură de Biblie, predică harul, connfruntă conveniența, îmbrățișează crucea, își asumă riscuri, crucifică egoismul, reduc la tăcere bârfa, sunt saturate de rugăciune, se gândesc la viitor, întind mâna în exteriorul lor, întruchipează frumos umanitatea, și sunt congregațiile unde cei lipsiți de merite pot să crească spiritual.[11] Doar Dumnezeu poate construi acest fel nou de comunitate. Dar atunci când El face asta, Biserica nu poate trece neobservată.

Poți vedea grandoarea bisericii tale, care este casa lui Dumnezeu, Biserica Dumnezeului celui viu, stâlpul și temelia adevărului Evangheliei? Ea este un fel nou de comunitate, care există pentru întruchiparea slavei lui Hristos. „Din Sion, care este întruparea frumuseții desăvârșite, de acolo strălucește Dumnezeu" (Psalmul 50:2).

CAPITOLUL 5

NU-I UȘOR, DAR E POSIBIL

„Când i-am văzut eu că nu umblă drept după adevărul Evangheliei, am spus lui Chifa în fața tuturor: „Dacă tu, care ești Iudeu, trăiești ca Neamurile, și nu ca Iudeii, cum silești pe Neamuri să trăiască în felul Iudeilor?"" (Galateni 2:14)

A crede în Evanghelie nu este un lucru ușor. Ea spune că un Dumnezeu cu totul sfânt iubește niște păcătoși ca noi. Mai spune și că El Și-a trimis singurul Fiu pentru a muri pentru noi. De asemenea, că El revarsă Duhul Său Sfânt pentru a ne da viața și a ne păzi. Evanghelia pretinde că nimic nu ne va separa vreodată de dragostea lui Dumnezeu, în Hristos Isus, Domnul nostru. Ea spune chiar că acest Mântuitor este strategia lui Dumnezeu de a transforma universul. Nu pare cumva improbabilă această Veste Bună? Noi fie credem cu mândrie că suntem prea buni pentru a fi judecați, fie spunem că suntem prea răi pentru a fi mântuiți. Așadar, Evanghelia este o surpriză continuă și avem nevoie s-o auzim în mod repetat.

Una dintre cele mai mari piedici în calea lucrării Evangheliei în bisericile noastre este necredința manifestată între noi, membrii bisericii.

Necredința noastră împiedică Evanghelia în modalități pe care noi nu le vedem, chiar și atunci când intenționăm să o răspândim mai mult. A trece peste necredința noastră nu este ușor, dar este posibil. Acesta este subiectul la care ne vom uita în capitolul de față.

Martin Luther vorbea despre acest lucru într-un limbaj simplu: „Evanghelia nu poate fi băgată cu forța în urechile noastre prea mult sau suficient. Da, chiar dacă o auzim și înțelegem bine, totuși nu e nimeni care să o îmbrățișeze perfect sau să o creadă cu toată inima sa, căci atât de slabe sunt trupurile noastre și neascultătoare față de Duhul."[1]

Este nevoie de un nou fel de a gândi pentru a crede că Dumnezeu este de partea noastră, și asta doar datorită a ceea ce Isus a câștigat pentru noi. Acest lucru implică reașezarea continuă a perspectivei noastre, pentru a crede realitatea că viețile noastre depind de ceva ce se află în afara noastră.

Dar Dumnezeu a rânduit lucrurile în felul acesta cu multă vreme în urmă. În Grădina Edenului, chiar dinainte ca problemele păcatului să pătrundă în lume, Dumnezeu a rânduit existența noastră astfel încât noi să progresăm doar atunci când viața ne este dată din exterior. El le-a dat lui Adam și Eva pomul vieții pentru a se împrospăta constant din el (Geneza 2:9, 16-17). În același fel, vigoarea noastră nu a venit niciodată din interior, ci întotdeauna din exteriorul nostru. Putem să primim viață doar atunci când venim la Dumnezeu cu mâinile goale ale credinței. În fapt, Dumnezeu i-a spus lui Adam ceva de genul acesta:

> „Ascultă, fiule, dacă te vei supune față de Mine, vei prospera. Dar dacă te vei răzvrăti, aceasta va crea în tine în lucru numit „rău", care va conduce la ceva numit „moarte". Tu nu știi acum ce sunt aceste lucruri, și nici nu ai vrea să știi. Dar dacă vei avea încredere în Mine, îți va fi bine. Toată bogăția și plinătatea vieții vor fi ale tale."

Adam trebuia să accepte Cuvântul lui Dumnezeu și să depindă de Dumnezeu, îndreptându-se către El clipă de clipă, pentru a rămâne astfel în viață.

Ispita diavolului a fost și este aceasta: „Nu risca depinzând de Dumnezeu. Încrede-te în instinctele tale. Trăiește prin tine însuți. Trebuie să preiei controlul, pentru că nu poți avea încredere în Dumnezeu". Și Adam a căzut în această ispită. Drept rezultat, noi ne naștem acum cu înclinația aceasta de a depinde de noi înșine. Pare chiar normal să ne punem nădejdea în forțele proprii. Creăm culturi întregi pentru a susține teoriile noastre idealizate despre abilitățile proprii.

Evanghelia ne schimbă în profunzime, până la acest nivel intuitiv. Atunci când Dumnezeu ne justifică în Hristos, El vine și contrazice frontal întreaga noastră strategie de viață, clădită în jurul eului. El ne creditează o neprihănire care depinde de Altci- neva, creând din nou relația edenică și atrăgându-ne de la con-centrarea pe noi la plinătatea Lui (Ioan 1:16). Noi trăim acum în Hristos, Adam cel nou și mai bun. Trebuie să recunoaștem că, uneori, inimile noastre suspectează încă faptul că ne-am afla cumva într-o poziție nesigură în mâinile lui Dumnezeu. Ne temem că El ne-ar putea abandona. Așa că ajungem să alunecăm înapoi în greșeala de a ne gândi cum să umplem golul din noi cu propriile resurse.

Dar, în harul Lui, Dumnezeu ne lasă să eșuăm și, din acest motiv, eforturile noastre nu ajung nicăieri. *Viața nu există în noi datorită nouă, ci doar în Hristos, și pe deplin în El. Noi trăim în El.*[2]

Ceea ce este surprinzător în legătură cu această Evanghelie este caracterul ei exterior, faptul că totul este construit pe lucruri din afara noastră, căci întreaga noastră viață vine din exteriorul nostru. Dar acest lucru este în același timp eliberator. John Bunyan ilustra această eliberare în propria mărturie a convertirii:

„Treceam într-o zi peste câmpuri și erau câteva lucruri care loveau în conștiința mea, făcându-mă temător cu privire la faptul că nu toate lucrurile erau îndreptate în viața mea. Deodată s-a așternut acest gând asupra sufletului meu: neprihănirea ta este în cer. Și a fost ca și cum L-aș fi văzut, cu ochii sufletului meu, pe Isus Hristos la dreapta lui Dumnezeu. Acolo, mi-am spus, este neprihănirea mea, așa că orice am fost și orice am făcut, Dumnezeu n-ar putea să spună despre mine, „acestui om îi lipsește neprihănirea Mea", pentru că acea Neprihănire se afla tocmai înaintea Lui. Am văzut de asemenea că nu starea bună a inimii mele era ceea ce făcea neprihănirea mea mai bună, după cum nici starea rea a ei nu o făcea mai rea, căci neprihănirea mea era Isus Hristos Însuși, Cel ce este același ieri, și azi, și în veci. În clipa aceea mi-au căzut cu adevărat lanțurile de pe picioare... M-am întors acasă bucurându-mă de harul și dragostea lui Dumnezeu... Trăiesc aici pentru puțină vreme, dar trăiesc având o pace dulce cu Dumnezeu, prin Hristos. O, m-am gândit eu - Hristos! Hristos! Înaintea ochilor mei nu mai exista nimic altceva decât Hristos."[3]

Iată pentru ce există doctrina Evangheliei – *pentru* a le arăta unor oameni slabi și nevrednici imaginea lui Hristos în harul și slava Lui. Nu-i așa că Îl pierdem repede din vedere? Cu toții avem nevoie să privim frecvent la Vestea Lui Bună.

EVANGHELIA

5.1. DIFICULTATEA DEZVOLTĂRII UNEI CULTURI A EVANGHELIEI

Cultura Evangheliei este mai dificil de construit decât doctrina Evangheliei. Ea necesită finețe și înțelepciune relațională. Implică să pășim într-un fel de comunitate cu totul deosebită de ce am experimentat până acum, comunitate în care trăim fericiți împreună, într-o dragoste pe care nu putem să o creăm noi. O cultură evanghelică nu se construiește zidind pe importanța sau virtuțile noastre, ci abandonând meritele proprii și găsindu-ne bucuria împreună doar în Hristos.

Această ajustare mentală nu este ușoară, dar trăirea într-o astfel de comunitate este minunată. Ne descoperim pe noi înșine spunând ca și Pavel, „ba încă și acum privesc toate aceste lucruri ca o pierdere" – toate trofeele importanței de sine, toate rănile autoflagelării, toate lucrurile inventate de noi și în jurul cărora ne învârtim pentru a obține atenția celorlalți – „și le socotesc ca un gunoi[4], ca să câștig pe Hristos, și să fiu găsit în El, nu având o neprihănire a mea, pe care mi-o dă legea, ci aceea care se capătă prin credința în Hristos" (Filipeni 3:8-9). Pavel nu privea pierderea eului său infatuat drept un sacrificiu. Cine ar putea să își admire propriul gunoi? Este o eliberare să poți să scapi de egoul tău dezgustător! Iar atunci când o întreagă biserică își găsește plăcerea supremă doar în Hristos, acea biserică întruchipează o cultură a Evangheliei. Ea devine un fel de comunitate surprinzător de diferită, în care păcătoșii se trezesc la viață pentru că Domnul este acolo, dându-Se fără plată pentru cei disperați și lipsiți de merite. Dar cât de ușor este pentru o biserică să existe pentru a se umfla în meritele proprii! Cât de dificil este să abandonăm întreaga noastră slavă pentru o glorie mai înaltă!

Principala barieră în calea întruchipării frumuseții lui Hristos în bisericile noastre vine din felul în care noi înțelegem să ne cufundăm iarăși în acel centru sacru care Îi aparține doar Lui. Atunci când ne înălțăm pe noi înșine, vom ajunge întotdeauna să diminuăm vizibilitatea Lui. Iată de ce dezvoltarea unei culturi a Evangheliei implică o abandonare profundă a sinelui, clipă de clipă, și asta de către fiecare dintre noi. La nivel personal, este un lucru costisitor, chiar dureros. Ceea ce propun de-a lungul acestei cărți nu este ceva superficial. Sunt atât de multe lucruri care ni se împotrivesc, din interior și din exterior. Dar triumful Evangheliei în bisericile noastre este totuși posibil, atunci când privim doar la Hristos. El ne va ajuta.

Avem nevoie de înțelepciunea lui Dumnezeu pentru a construi o cultură a Evangheliei, pentru că nicio cultură nu constă doar în ceea ce vedem, ci și în lucrurile cu care vedem – chiar în prezumțiile noastre din subconștient. În mod natural, noi nu observăm cultura bisericii noastre, așa cum un pește nu observă apa în care înoată; dar cultura rămâne o realitate puternică. Ea creionează identitatea noastră, valorile noastre și simțul opțiunilor care ne stau înainte. Ea defineşte subtil felul în care simţim că fiinţele noastre sunt în regulă – că aparţinem acelei culturi şi că suntem de preţ înaintea cuiva.

5.2. EVALUAREA CULTURII BISERICII NOASTRE

De aceea, nu ar trebui să presupunem că, în biserica noastră, cultura Evangheliei este centrată totalmente în Hristos. Trebuie mai degrabă să presupunem că nu este, şi asta în modalităţi pe care încă nu le-am observat. Ar trebui să acordăm atenţie deosebită lucrurilor intangibile din bisericile noastre – ceea ce simţim noi, ethosul, relaţiile, calitatea bisericii şi presupunerile neexprimate. Acestea ar putea să nu fie în linie cu Evanghelia, cel puţin nu atât de strâns pe cât ne-am dori.

Pentru a discerne mai clar cultura bisericii tale, e nevoie să îţi pui mai multe întrebări. Care este cel mai important lucru asupra căruia biserica ta nu a decis în mod formal niciodată? Există vreun ideal bine intenţionat, dar inutil, ataşat bisericii? Există anumite aspecte din viaţa bisericii tale, în care ascultarea faţă de Hristos este împiedicată, chiar dacă binecuvântarea Lui este aşteptată? Există ceva de care biserica ta se ţine mult prea strâns? Vedeţi, este uşor ca bisericile să îşi facă nişte vaci sfinte din diverse lucruri, de la coruri minunate până la programe de tineret şi strategii de misiune. Toate acestea pot fi lucruri bune, dar ele trebuie să fie întotdeauna supuse lui Hristos.

Răspunzând acestor întrebări, vei putea descoperi două lucruri: în primul rând un idol, în lucrurile în care biserica ta pretinde o loialitate prea mare față de sine și, de aceea, împiedică libertatea ta în Hristos; în al doilea rând, însăși acele lucruri în care biserica ta poate să învețe mai mult despre autosuficiența lui Isus.

Viața se găsește în Hristos și doar în El. Orice biserică poate să capete mai mult din puterea Lui prin a impregna mai mult și mai deplin Evanghelia în propria sa cultură. Atunci când, dintr-o dată, o biserică se descoperă dependentă în mod radical de Isus, nu se petrece niciun dezastru. Dependența de El este un semn al sănătății. Charles Haddon Spurgeon spunea cu înțelepciune:

> „Eu cred că cel mai scriptural sistem de guvernare al bisericii este acela care conduce continuu la cea mai fierbinte rugăciune, cea mai mare credință și cea mai mare evlavie. Biserica lui Dumnezeu nu a fost gândită niciodată să se comporte ca o mașină. Dacă ar fi fost așa, roțile ei ar fi trebuit să se miște de la sine. Biserica a fost gândită să fie un lucru viu, o persoană vie și, așa cum o persoa-nă nu poate să stea pe picioarele ei dacă îi lipsește viața, dacă îi este refuzată hrana sau dacă îi dispare respirația, tot așa este și cu biserica."[5]

Vor exista momente în viața unei biserici când vom crede că totul se năruie. Astfel de momente pot să deschidă complet inima unei biserici, făcând-o mai dependentă ca niciodată de Hristosul cel viu. Astfel de momente ne învață că cea mai bună modalitate de a trăi ca biserică este să plasăm întotdeauna nevoia noastră constantă înaintea mâinii Lui providențiale, constant deschisă față de noi, așa cum spunea Spurgeon. A. W. Tozer ne pune înainte alternativele, într-un fel izbitor:

> „Pseudo-credința se asigură că există întotdeauna o cale de ieșire în cazul în care Dumnezeu eșuează. Credința reală știe că există o singură cale și renunță cu bucurie la orice altă cale sau substitut. Adevărata credință înseamnă fie totul în mâna lui Dumnezeu, fie colaps total. Iar Dumnezeu nu l-a înșelat, de la Adam încoace, pe niciun om sau biserică ce și-a pus încrederea în El."[6]

Ne este dificil să ne încredem în Domnul în felul acesta. Pentru noi, creștinii, siguranța falsă a sinelui este o problemă de durată.

5.3. PUTEREA FRICII ÎN CULTURA BISERICII

Dorința după o falsă siguranță a fost o problemă chiar și printre apostoli. Aceasta este una dintre lecțiile pe care le învățăm de la faimoasa confruntare dintre Pavel și Petru, pe care Pavel o relatează în Epistola lui către Galateni:

„Dar când a venit Chifa în Antiohia, i-am stătut împotrivă în față, căci era de osândit. În adevăr, înainte de venirea unora de la Iacov, el mânca împreună cu Neamurile; dar când au venit ei, s-a ferit și a stat deoparte, de teama celor tăiați împrejur. Împreună cu el au început să se prefacă și ceilalți Iudei, așa că până și Barnaba a fost prins în lațul fățărniciei lor" (Galateni 2:11-13).

John Stott denumește această întâmplare drept „unul dintre cele mai tensionate și dramatice episoade ale Noului Testament"[7]. Nu era o problemă de rivalitate personală. Avem de-a face cu o confruntare între Evanghelie și tradiție. Pavel putea să observe că în joc nu erau puse nimicuri, ci Evanghelia. El a refuzat să rămână tăcut în timp ce alți lideri distrugeau cultura Evangheliei de dragul unei tradiții învechite care lăsase eul nederanjat.

Nu exista nimic greșit, în mod necesar, în obiceiurile evreiești ale lui Petru. Dar era ceva foarte grav atunci când se solicita altora să le respecte, după ce Hristos le împlinise, lucru pe care Petru îl făcea separându-se de credincioșii dintre Neamuri, care nu erau tăiați împrejur. În fapt, Petru sugera astfel că Neamurile trebuiau să creadă în Evanghelie și, în plus, să se adapteze culturii evreiești pentru ca astfel să fie merituoși înaintea lui Hristos – și suficient de buni pentru Petru! Ei nu erau egalii lui, pentru că nu erau ca el.

Făcând aceasta, Petru ducea în obscuritate atotsuficiența lui Isus și punea ceva din sine în locul Domnului. Ce insultă față de lucrarea încheiată de Hristos la cruce! Cât de dezamăgitor pentru acele Neamuri care fuseseră răscumpărate cu sângele lui Hristos! Ce exagerare arogantă a tradiției lui Petru! Ce încălcare a justificării doar prin credință! Și ce cultură de biserică patetică!

Legile cu privire la lucrurile curate și necurate fuseseră respectate îndelung de către evrei, fiind înrădăcinate în Vechiul Testament. Mișna (aplicarea evreiască a Vechiului Testament) spunea că până și „locuințele Neamurilor sunt necurate"[8]. Petru se îngrijise cu atenție întreaga sa viață ca nu cumva să se atingă cu ceva de Neamuri. Dar, atunci când Dumnezeu i-a arătat că Isus împlinise tradițiile vechi, i-a spus de trei ori lui Petru: „Ce a curățit Dumnezeu, să nu numești spurcat" (Faptele Apostolilor 10:15-16). Iar Petru nu putea rata să înțeleagă ce îi spunea Dumnezeu.

Ceea ce l-a abătut pe Petru de pe cale aici, în Antiohia, nu era ignoranța, ci frica de dezaprobarea oamenilor: „când au venit ei, s-a ferit și a stat deoparte, *de teama celor tăiați împrejur*". Ca noi toți, Petru avea o istorie a temerilor. Atunci când s-a lepădat de Isus, în noaptea arestării Domnului, el s-a temut de consecințe fizice. În Antiohia, el s-a lepădat în esență de Isus, pentru că se temea de răni sociale. El a falsificat Evanghelia împins de acea frică primitivă.

Cu alte cuvinte, problema nu s-a manifestat la nivel de doctrină, ci la nivel de cultură. Ea a plecat de la o frică personală, nu de la lecturarea vreunei cărți de teologie greșită. De aceea, Pavel a denumit de două ori atitudinea aceasta ipocrizie: „Împreună cu el au început să se *prefacă* și ceilalți Iudei, așa că până și Barnaba a fost prins în lațul *fățărniciei* lor". Exemplul lui Petru îi împingea pe credincioșii dintre Neamuri să se conformeze în exterior față de tradițiile evreiești, pentru a putea fi acceptați pe deplin ca membri ai bisericii.

Frica de dezaprobare din partea oamenilor alimentează atitudinile noastre în același fel. Ne face să dorim să fim percepuți într-un anume fel și asociați anumitor oameni. Ea distruge onestitatea, spontaneitatea și bucuria. Ea ridică ziduri pentru demolarea cărora a murit Isus. Ea corupe învățătura sănătoasă, așa cum vom vedea în cele ce urmează. Dar ce anume este această frică, dacă nu o alipire goală și neîmplinită de meritele noastre, de eul nostru pus mai presus de orice altceva, dar nu dependent de Isus?

Trist este faptul că frica poate fi o forță puternică și printre creștini. Temerea lui Petru a avut o influență atât de mare, încât chiar și Barnaba, „fiul mângâierii" (Faptele Apostolilor 4:36), a fost atras în ea. Doar Pavel a avut claritatea și curajul de a cere ca apostolii să aplice iarăși învățătura originală culturii lor, așa încât mesajul Evangheliei să meargă înainte neschimbat.

5.4. DOCTRINA SĂNĂTOASĂ + CULTURA GREȘITĂ = RESPINGEREA DOCTRINEI

Ca răspuns la ipocrizia lui Petru, Pavel s-a împotrivit curajos, „pentru ca adevărul Evangheliei să rămână cu voi" (Galateni 2:5). El nu era interesat de simpla recitare a Evangheliei, ci de o înțelegere clară ai ei. De ce? Pavel știa că este posibil ca noi să respingem, prin cultura practică a bisericilor noastre, ceea ce spunem prin doctrina oficială. Este perfect posibil să susții Evanghelia ca pe o teorie, chiar dacă ești străin de ea în realitate. Aș exprima acest gând într-un fel simplu și îndrăzneț:

Doctrină evanghelică corectă + cultură anti–evanghelică = negarea Evangheliei.

Am putea să nici nu observăm că acest lucru se petrece în bisericile noastre, dacă privim doar la mărturisirea de credință și ne spunem nouă înșine: „noi credem lucruri corecte". Așa se petreceau lucrurile și cu Petru. Pavel relatează răspunsul lui față de Petru: „am crezut și noi în Hristos Isus, ca să fim socotiți neprihăniți prin credința în Hristos" (Galateni 2:16). Acest *și noi* se pare că îl includea și pe Petru. Așadar, Petru nu negase niciodată doctrina adevărată a Evangheliei. Dar, prin comportamentul său, contrazicea adevărata cultură evanghelică a acceptării Neamurilor, așa cum arată Pavel în versetele 15-21. Ceea ce Petru făcea era să reconstruiască cultura mântuirii de sine pe care el însuși o demolase prin credința sa în Hristos: „Căci, dacă zidesc iarăși lucrurile, pe care le-am stricat, mă arăt ca un călcător de lege" (v. 18).

Dar Pavel a refuzat să „facă zadarnic harul lui Dumnezeu" (v. 21), un lucru care dezvăluie ce anume se afla în joc. Putem să îndrăgim în mod sincer doctrina harului lui Dumnezeu și, în același timp, fără să ne dăm seama să anulăm acel har. Păstrarea adevărului implică o cultură în care păcătoșii pot să vadă frumusețea a ceea ce noi credem, întruchipată într-un nou fel de comunitate.

Construirea unei astfel de culturi nu este ușoară, dar este posibilă. Cel mai greu pas pe care o biserică îl poate face în această direcție, este să se confrunte pe sine, așa cum Pavel l-a confruntat pe Petru:

> „Când i-am văzut eu că nu umblă drept după adevărul Evangheliei, am spus lui Chifa în fața tuturor: „Dacă tu, care ești Iudeu, trăiești ca Neamurile, și nu ca Iudeii, cum silești pe Neamuri să trăiască în felul Iudeilor?" (Galateni 2:14).

Nu este suficient să ne întrebăm: „Biserica noastră predică doctrina Evangheliei?" Trebuie să ne întrebăm și dacă cultura bisericii noastre este aliniată în mod clar la acea doctrină. Pentru Pavel, credincioșia față de Evanghelie include *aplicarea* ei la comportamentul nostru: „Când i-am văzut eu că *nu umblă drept* după adevărul

Evangheliei" (Galateni 2:14a). Evanghelia ne oferă mai mult decât un loc pe care să ne așezăm. Ea ne conduce pe o cale pe care să o urmăm. Există o modalitate de a trăi la pas cu Evanghelia. Aceasta constă dintr-o călătorie din ce în ce mai aprofundată în autosuficiența inepuizabilă a Domnului Isus Hristos. Atunci când bisericile noastre se deschid față de tot ceea ce Hristos este pentru noi, mesajul Evangheliei devine indubitabil, iar calea către Hristos este deschisă în mod evident către noi toți.

Galateni 2:11-14 este clar. Toți cei ce cred în Isus spre justificarea lor sunt curați înaintea lui Dumnezeu, indiferent de unde vin ei. Dacă Dumnezeu ne declară *kosher* doar prin Hristos, nimeni nu poate să ceară mai mult. Aceasta este doctrina Evangheliei. Această doctrină creează apoi o cultură a acceptării, în har, a tuturor felurilor de credincioși. Isus a spus „sarcina Mea este ușoară" (Matei 11:30). El nu complică lucrurile pentru oameni. El nu îi forțează niciodată pe oameni să facă lucruri pe care Dumnezeu nu le-a cerut. Dar oamenii, chiar și cei dedicați în mod pasional doctrinei Evangheliei, pot să creeze o cultură bisericească dură, asemenea lui Petru.

Cultura Evangheliei este la fel de sacră ca și doctrina Evangheliei, și trebuie hrănită și păstrată cu atenție în bisericile noastre. Pavel s-a luptat pentru ea, întrucât doctrina mântuirii prin har nu poate fi păstrată cu integritate atâta timp cât este însoțită de o cultură a mântuirii prin meritele omului. Isus este Mântuitorul complet de care oricine va avea nevoie vreodată. El este Pomul vieții pentru noi. El este suficient pentru a ne păstra vii pe vecie și este disponibil fără plată pentru oricine, în baza acelorași lucruri.

5.5. ELIBERAREA MINUNATĂ A CULTURII EVANGHELIEI

Cât de minunat este să vii în fiecare duminică într-o biserică eliberatoare! Noi înotăm toată săptămâna într-un ocean de judecăți și lucruri negative. Trebuie să ne plângem constant de cerințele unei lumi dificile, și niciodată nu ajungem să ne ridicăm la înălțimea ei. Psihiatrul elvețian Paul Tournier caracterizează interacțiunile omenești „normale" ca pe un ciclu de critică, vinovăție și auto-justificare:

> „În viața de zi cu zi, noi suntem îmbibați continuu în această atmosferă nesănătoasă de critică reciprocă atât de mult încât nu suntem întotdeauna conștienți de ea, și ne regăsim atrași fără să ne dăm seama într-un ciclu vicios implacabil: orice repros evocă un simțământ de vinovăție în cel critic și în cel criticat, și fiecare își câștigă alinarea față de propria vinovăție în orice fel poate, criticându-i pe cei ceilalți oameni și justificându-se pe sine."[9]

Apoi, duminica, pășim într-un nou fel de comunitate, unde descoperim un mediu al harului, doar în Hristos. Și este atât de revigorant. Noi, păcătoșii, putem să respirăm iarăși! Este ca și cum Dumnezeu ar schimba pur și simplu subiectul conversației fiecăruia dintre noi de la ceea ce este greșit în legătură cu noi, și care se găsește din plin, la ceea ce este drept în Hristos, și care nu are sfârșit. El înlocuiește negativismul nostru, degetele îndreptate către alții și disprețul de sine cu Vestea Bună a harului Său, adresată celor fără merite. Cine n-ar putea să înflorească într-o comunitate care respiră cons- tant acea atmosferă cerească?

Acesta este mediul unde fiecare dintre noi poate să își ocupe fericit locul chiar acum: „viața, pe care o trăiesc acum în trup, o trăiesc în credința în Fiul lui Dumnezeu, care m-a iubit și S-a dat pe Sine însuși pentru mine" (Galateni 2:20). Focalizarea noastră pe propriile persoane a fost crucificată odată cu Hristos. Nevoia noastră de a ascunde eșecurile și de a afișa o superioritate falsă nu mai trăieș- te. Hristos este suficient pentru a ne împlini pe fiecare dintre noi, fără să mai fim nevoiți să adăugăm ceva.

Atunci când pășim, cu smerenie, în adevărul acestei Evanghelii, oamenii descoperă în bisericile noastre un nou fel de comunitate, unde păcătoșii și cei în suferință pot să crească. Dacă confruntarea este vreodată necesară, ea este doar pentru ca „adevărul Evanghe- liei să rămână cu voi" (Galateni 2:5).

5.6. PRIVIND DOAR LA EL

Construirea unei culturi evanghelice nu este un lucru ușor. Dar e posibil. În trăirea prin credința în Hristos nu este nimic mecanic sau care să funcționeze ca o formulă. Aceasta presupune să privim dincolo de noi înșine, către El. Înseamnă lepădarea profundă de sine, clipă de clipă. Presupune corecții frecvente atunci când inimile și bisericile noastre se întorc către Fiul lui Dumnezeu, care ne-a iubit și S-a dat pentru noi.

Privind la El, vom fi ajutați. Martin Luther ne îndreaptă către sursa unde poate fi găsită viața noastră cea nouă:

„Gândește-te cu atenție la cine este acest Fiu al lui Dumnezeu, la cât de glorios este El, cât de puternic. Ce sunt cerul și pământul prin comparație cu El?... Nu Legea m-a iubit și s-a dat pe sine pentru mine. Fără îndoială, ea mă acuză, mă îngrozește și mă duce la disperare. Dar acum am pe Cineva care m-a eliberat de terorile Legii, de moarte și păcat, și m-a adus la libertate, la neprihănirea lui Dumnezeu și la viața veșnică. El este Fiul lui Dumnezeu, a Căruia este lauda și slava în veci... Citiți aceste cuvinte: „El m-a iubit și S-a dat pe Sine pentru mine". Apoi subliniați-le. Ai putea să gravezi cu o credință fermă acest „pentru mine" în inima ta și să îl aplici propriei persoane, neîndoindu-te de faptul că ești printre cei cărora le este adresat.[10]

CAPITOLUL 6

LA CE NE PUTEM AȘTEPTA

„În adevăr, noi suntem, înaintea lui Dumnezeu, o mireasmă a lui Hristos printre cei ce sunt pe calea mântuirii și printre cei ce sunt pe calea pierzării: pentru aceștia, o mireasmă de la moarte spre moarte; pentru aceia, o mireasmă de la viață spre viață. Și cine este de ajuns pentru aceste lucruri?" (2 Corinteni 2:15-16)

Ce ne putem aștepta să vedem pe măsură ce bisericile noastre înaintează în doctrina și cultura Evangheliei? Domnul are un plan specific pentru fiecare biserică. Dar Biblia ne încurajează să ne așteptăm la mai multe convertiri (Faptele Apostolilor 6:7), mai multă bucurie (Faptele Apostolilor 8:8), mai mult impact (Faptele

Apostolilor 19:20), și mai multe rezultate glorioase. În același timp, ne putem aștepta și la mai multe necazuri.

Dumnezeu răspândește aroma cunoștinței lui Hristos atunci când predicăm Evanghelia îndurării divine și îmbrăcăm acel mesaj în frumusețea vieții de adunare, care împărtășește îndurarea lui Hristos (2 Corinteni 2:14). De aceea, am putea să ne așteptăm ca lumea să aștearnă covorul roșu înaintea noastră. Dar Biblia ne spune să ne așteptăm simultan la două reacții contrare. Unii oameni vor experimenta bisericile noastre ca pe o „mireasmă de la viață spre viață". Alții le vor experimenta ca pe o „mireasmă de la moarte spre moarte". Cu cât mai convingătoare devin bisericile noastre prin Evanghelie, cu atât aceste două reacții vor fi mai intense. Putem să ne așteptăm deopotrivă la o deschidere mai mare, dar și la o împotrivire mai mare. Înaintarea cu Domnul înseamnă că viitorul va fi deopotrivă mai încântător și mai stresant decât prezentul.

Aceasta este ceea ce Pavel a descoperit pe măsură ce călătorea în zona Mediteranei, răspândind Evanghelia și plantând biserici. Un singur om, purtător al unui singur mesaj, a produs două rezultate contrare. De ce? Pentru că nu era vorba despre Pavel, ci despre Hristos în Pavel. Domnul nostru a fost destinat să genereze răspunsuri puternice – pentru și împotrivă (Luca 2:34). Și El a făcut și va face întotdeauna acest lucru, până când Se va întoarce.

Atunci când vedem că predicatorii noștri sunt deopotrivă plăcuți și provocatori, nu trebuie să fim surprinși. Nimic nu este greșit. Dimpotrivă, ceva merge bine. Dumnezeu răspândește astfel mireasma lui Hristos prin noi. Pavel a scris 2 Corinteni 2:15-16 pentru a ne explica acest lucru și pentru a ne încuraja să rămânem statornici pe cale, abandonându-ne în mâna strategiei surprinzătoare de judecată și mântuire a lui Dumnezeu. Aceasta este tema capitolului de față.

6.1. NOI SUNTEM MIREASMA LUI HRISTOS

Pavel scria: „Noi suntem, înaintea lui Dumnezeu, o mireasmă a lui Hristos printre cei ce sunt pe calea mântuirii și printre cei ce sunt pe calea pierzării" (2 Corinteni 2:15). Expresia cheie este *„a lui Hristos"*. Este vorba despre mireasma puternică *a lui Hristos,* pe care oamenii o detectează atunci când bisericile noastre sunt pline de Evanghelie. Cât de uimitor este că ei Îl vor experimenta chiar pe Hristos printre noi! Chiar dacă noi suntem diferiți de El în atât de multe feluri, mireasma Lui este pătrunzătoare.

Dar este chiar mai uimitor, pentru că noi suntem „o mireasmă a lui Hristos ridicându-se *înaintea lui Dumnezeu*" (trad.lit. NLT). Aceasta este ideea centrală a lui Pavel în pasajul nostru. Indiferent ce ar putea gândi oamenii despre noi, Dumnezeu găsește plăcere în mireasma noastră atunci când Îl înălțăm pe Isus Hristos cel crucificat. Un comentator scria că „nimic nu încântă inima lui Dumnezeu mai mult decât predicarea Evangheliei lui Hristos."[1]

EVANGHELIA

În ce sens suntem noi „mireasmă"? Metafora aceasta provine din Vechiul Testament. Ea este folosită încă de pe vremea jertfei aduse de Noe – „Domnul a mirosit un miros plăcut" (Geneza 8:21) – și o vedem constant în legile privitoare la jertfe din cartea Levitic (de ex. Levitic 1:9, 13, 17 etc.). Dumnezeu a găsit plăcut ca Noe și preoții leviți să aducă jertfe de ispășire, care să poarte mărturia modalității îndurătoare în care Dumnezeu i-a tratat pe păcătoși. În același fel, a fost plăcut lui Dumnezeu că Hristos a adus pe cruce jertfa finală de ispășire în propria Persoană. Și continuă să fie plăcut lui Dumnezeu și astăzi când ne aducem viețile și bisericile ca jertfe vii (Romani 12:1), spre întruchiparea Evangheliei lui Hristos. De-a lungul Bibliei, plăcerea lui Dumnezeu se îndreaptă către punctul ei central, anume crucea lui Hristos. Această jertfă a fost prevestită din vremea Vechiului Testament. Ea a fost împlinită în Hristos și este reiterată astăzi în noi.

S-a spus cândva că „arderea jertfei este ceea ce dă naștere miresmei plăcute"[2]. De aceea, bisericile unde inimile ard de Evanghelie dau naștere miresmei lui Hristos, mireasmă care este plăcută lui Dumnezeu în ceruri. Sunt multe lucruri pe care Dumnezeu, în harul Său, ni le trece cu vederea. Dar pasiunea bisericilor noastre pentru Hristosul răstignit este ceea ce El observă și lucrul în care găsește plăcere.

Cu toate acestea, aici, pe pământ, printre oameni, vedem adesea o istorie diferită. Opiniile oamenilor despre noi gravitează către două extreme. Cu cât sunt mai fidele bisericile noastre cu privire la Hristos, cu atât mai polarizat vom fi văzuți din exterior. „Printre cei ce sunt pe calea mântuirii", noi suntem o aromă dulce a lui Hristos. Acești oameni sunt încântați și ajutați de Evanghelia noastră, ca și cum Domnul Însuși ar fi prezent în eforturile noastre, întrucât Duhul Lui este acolo. Acești oameni intră în Împărăția lui Dumnezeu și ni se alătură în biserici.

„Dar printre cei ce sunt pe calea pierzării", noi aducem o aromă care ofensează. Oamenii se întreabă ce este greșit la noi, de ce nu ne alăturăm lor, de ce nu facem un duș de gândire la modă. Acești oameni își întorc nasul de la noi. Totuși, când ei sunt ofensați, slujirea noastră evanghelică rămâne o aromă plăcută acolo sus, înaintea lui Dumnezeu.

Care este gândul pe care îl căpătăm din aceste două reacții puternice? Ce spune Biblia că ne poate ajuta în mijlocul complexității sălbatice a opiniilor omenești, pozitive și negative? Este ceea ce John Calvin spunea atât de simplu despre Evanghelie: „Evanghelia nu este niciodată predicată în zadar."[3]

Venind în lume, scopul lui Isus nu a fost acela de a condamna, ci de a mântui (Ioan 3:17). Totuși, până în ziua de azi, unii oameni au o reacție alergică față de Evanghelia Sa mântuitoare. Ei izbucnesc într-o reacție de respingere, chiar dacă alți oameni devin prin ea tot mai sănătoși spiritual. Observați timpul prezent al verbelor din 2 Corinteni 2:15: *„sunt* pe calea mântuirii" și *„sunt* pe calea pierzării".

EVANGHELIA

Unii oameni se află pe calea către distrugerea veșnică. Evanghelia șoptește fiecăruia dintre aceștia: „toate lucrurile în care crezi cel mai profund sunt distruse chiar începând de acum. Ești complet greșit. Aleargă la Hristos!" Dar ei nu fac asta. Alții se află pe calea către viața veșnică. Evanghelia le declară și lor ceva: „Orice lucru în care-ți pui nădejdea din inimă devine, începând de acum, real pentru tine. Rămâi alipit de Hristos!" Și ei fac asta. Evanghelia are un efect concret în ambele categorii de oameni.

Astfel, singurul lucru pe care Evanghelia nu îl va face niciodată este să nu producă nimic.

Evanghelia Domnului nostru Isus Hristos refuză să fie ținută la un braț distanță, cu o detașare critică. Nimeni nu judecă Evanghelia. Evanghelia îi judecă pe toți și, dintre aceștia, îi salvează pe câțiva.

Trebuie să punem acest lucru la inimă. Oridecâteori auzim predicată Evanghelia, aceasta fie ne împietrește mai mult, fie ne înmoaie mai mult, în funcție de starea inimii noastre înaintea lui Dumnezeu. Nu putem sta în siguranță în aceeași poziție, ca și cum noi ne-am afla în controlul lucrurilor. Martyn Lloyd-Jones ne sfătuiește cu înțelepciune:

> „Fii atent cum Îl tratezi pe Dumnezeu, prietene. Ai putea să îți spui, „pot să păcătuiesc împotriva lui Dumnezeu și apoi, desigur, mă pot pocăi și mă pot întoarce să Îl găsesc pe Dumnezeu ori-

decâteori am nevoie de El". Încearcă asta, și vei descoperi uneori că nu doar că nu poți să-L găsești, ci că nici măcar nu vrei acest lucru. Vei fi conștient de o împietrire îngrozitoare a inimii tale, și nu poți face nimic pentru a scăpa de ea. Apoi, dintr-o dată, vei conștientiza că Dumnezeu te pedepsește pentru a-ți descoperi păcătoșenia și răutatea. Atunci nu-ți rămâne decât un lucru de făcut. Să te întorci la El și să spui, „O, Dumnezeule, nu mă mai trata ca un Judecător, chiar dacă merit asta. Înmoaie-mi inima. Înmoaie-mă! Eu nu pot face asta". Și te arunci în dependență totală de îndurarea și compasiunea Lui."[4]

Nu noi, păcătoșii, gestionăm puterea lui Dumnezeu. Noi doar dovedim puterea Lui, într-un fel sau altul, și scoatem la ideală adevărul despre noi înșine.

6.2. DE LA MOARTE SPRE MOARTE ȘI DE LA VIAȚĂ SPRE VIAȚĂ

În fapt, întâlnirea cu Evanghelia face ca starea adevărată a inimilor oamenilor să fie din ce în ce mai evidentă, așa cum explică Pavel mai departe. Mireasma Evangheliei noastre este „pentru aceștia, o mireasmă de la moarte spre moarte, pentru aceia o mireasmă de la viață spre viață" (2 Corinteni 2:16). Nu doar că răspunsurile oamenilor față de bisericile saturate în Evanghelie descoperă inimile lor înaintea lui Hristos, ci și răspunsurile lor îi deplasează în același timp tot mai mult. „De la moarte spre moarte" are sensul că acești oameni alunecă tot mai adânc în moarte, conduși de repulsia lor față de aroma Evangheliei. Ei merg pe spirala ce duce în jos, din rău în mai rău, într-o stare ireversibilă atâta vreme cât nu intervine îndurarea lui Dumnezeu. „De la viață spre viață" arată că inimile născute din nou cresc tot mai vii, într-o sinceritate mai mare, sunt mai sensibile și continuă să fie atrase tot mai mult de aroma dulce a lui Hristos, prezentă în aceeași Evanghelie.

Nimeni nu este static. Nimeni nu poate să nu răspundă Evangheliei. Orice persoană se deplasează tot mai mult, fie tot mai departe, fie tot mai aproape de ea.

În mod natural, noi am vrea să îndepărtăm din bisericile noastre orice piedică în calea acceptării lui Hristos și a creșterii în El (Isaia 57:14-15; 2 Corinteni 6:3). Am vrea să adaptăm comunicarea Evangheliei cu înțelepciune și smerenie. Vrem să satisfacem îndoielile și dificultățile oamenilor pe cât de mult este posibil. Dar nu putem face niciodată imposibil răspunsul negativ la Evanghelie, dacă îi comunicăm eficient mesajul. Trebuie să înțelegem că nicio respingere a ei, oricât de mânioasă, cinică, de-la-moarte-spre-moarte sau care caută nod în papură, nu este eșecul nostru. Respingerea este inclusă în lucrarea Evangheliei din cauza naturii decăzute a inimii omului.

Trebuie adăugat că, evident, este foarte urâtă acea atitudine de a ne bucura să vedem pe cineva care se află în oribila stare de împietrire! Ar trebui să plângem pentru oamenii pentru care nicio prezentare a Evangheliei nu este suficient de bună, oameni care nu sunt satisfăcuți pentru că ei nu pot fi satisfăcuți. Ei se îndepărtează tot mai mult de Isus și se apropie tot mai mult de moarte. Însă noi nu trebuie să fim abătuți de la credincioșia față de Hristos din cauza respingerii Evangheliei de către oameni. În inimile lor se petrece ceva profund, mai profund decât orice ajustări am face noi în prezentarea Evangheliei.

Și totuși, Dumnezeu răspândește mireasma cunoașterii lui Hristos prin noi (2 Corinteni 2:14), și asta este uimitor. Prin lucrarea noastră, destinele veșnice ale oamenilor sunt înfățișate chiar acum, în vremea noastră. Iar respingerea de către ei a lucrării Evangheliei trebuie să ne întristeze. Ar fi mai bine pentru ei să nu o fi auzit niciodată. Nu este de mirare că Pavel spune: „Cine este de ajuns pentru aceste lucruri?" Evident, Evanghelia este suficientă pentru toate scopurile lui Dumnezeu. Dar noi nu suntem suficienți. Noi ne dăm silința cum putem mai bine, săptămână de săptămână, dar suntem mici și inadecvați.

Realitatea mai profundă este că suntem prinși în lucrarea lui Dumnezeu de mântuire și judecată. La fiecare întâlnire a bisericii, la fiecare studiu biblic, la fiecare conversație personală și la fiecare postare pe blog atârnă în balanță consecințe veșnice. Raiul și Iadul încep să apară în oamenii care se află înaintea ochilor noștri. Și când ne gândim că am putea să spunem ceva care să se dovedească fatal pentru cineva și mântuitor pentru altcineva – cine ar putea să își asume un astfel de rol?

Lucrarea Evangheliei din bisericile noastre implică mai mult decât o argumentație doctrinară. Lucrarea Evangheliei este subtilă, la fel cum lucrează o mireasmă. Nu constă doar din realități brute care izbesc mintea cu putere, ci dintr-o aromă care își face loc în inimă. Acest contact fin se poate dovedi aducător de viață sau de moarte. Așa este puterea uluitoare a Evangheliei lui Dumnezeu.

6.3. ÎNVINOVĂȚIREA ÎNDREPTATĂ GREȘIT

Creștini fiind, nu trebuie să fim descurajați atunci când suntem judecați sau tratați în mod greșit. Face parte din lucrarea Evangheliei. Ar trebui să ne așteptăm la aceasta și să o acceptăm de dragul Domnului. Cei care Îl refuză pe Hristosul pe care noi Îl proclamăm recunosc rareori că alegerea pe care ei o fac este îndreptată împotriva Lui. Pentru a se justifica, caută modalități de a ne blama pe noi. Da, trebuie să ne recunoaștem întotdeauna greșelile, cu onestitate. Dar este izbitor cât de siguri pe ei erau apostolii, și cât de absent era spiritul acuzației de sine în Noul Testament. Autoflagelarea nu se găsește nicăieri în 2 Corinteni 2:15-16, pasaj în care Pavel face un sumar al întregii sale lucrări.

Una dintre modalitățile prin care putem neutraliza impactul unei biserici credincioase este să permitem unui spirit nepotrivit de îndoială de sine să își facă loc printre noi. Charles Haddon Spurgeon spunea: „O, este groaznic și serios de adevărat că, dintre toți păcătoșii, cei mai răi sunt dintre cei care frecventează bisericile. Cei care pot să se afunde cel mai mult în păcat, care au cele mai tăcute conștiințe și cele mai împietrite inimi sunt dintre cei care se găsesc chiar în casa lui Dumnezeu"[5]. Atunci când astfel de oameni dau naștere controverselor într-o biserică, apare câte o persoană bine intenționată care adesea complică situația deja dificilă spunând: „Dar în orice conflict este întotdeauna ceva greșit de ambele părți". Chiar așa? În multe conflicte, da. Dar în orice conflict? Biblia nu vorbește astfel.

Prima „dezbinare de biserică" din Biblie a fost, bag de seamă, provocată de o singură parte – Cain și-a ucis fratele Abel pentru o chestiune legată de închinare (Geneza 4:1-12). Ce ar fi fost greșit în legătură cu Abel așa încât Cain să se simtă îndreptățit să-și distrugă fratele? Biblia răspunde:

> „Nu cum a fost Cain, care era de la cel rău, și a ucis pe fratele său. Și pentru ce l-a ucis? Pentru că faptele lui erau rele, iar ale fratelui său erau neprihănite. Nu vă mirați, fraților, dacă vă urăște lumea"
> (1 Ioan 3:12-13).

EVANGHELIA

Atât Cain cât și Abel erau păcătoși. Dar ceea ce a dat naștere conflictului a fost că faptele lui Cain erau rele, iar cele ale fratelui său erau neprihănite. Iar Cain n-a putut suporta acest lucru.

Când există membri lumești într-o biserică, ale căror inimi nu sunt încă înnoite, acest scenariu se derulează constant până când lumescul este confruntat și sinceritatea evanghelică este restaurată. De exemplu, oamenii pot să îi acuze pe predicatorii credincioși ai Evangheliei că ar fi lipsiți de dragoste, acuzație care este ușor de adus împotriva lor, dar care e imposibil de dovedit ca fiind sau nu adevărată. Noi, cei care conducem bisericile, trebuie să discernem ce anume se petrece cu adevărat, aplicând principiile biblice de evaluare. John Piper zugrăvește acest lucru în culori foarte vii:

„Am văzut în lucrarea mea atât de multe răzbunări emoționale și doresc să ofer un avertisment împotriva lor. Răzbunarea emoțională se petrece atunci când o persoană pune semn de egalitate între durerea sa emoțională și eșecul unei alte persoane de a o iubi. Dar cele două nu sunt același lucru. O persoană poate să iubească bine și totuși cel iubit să se simtă rănit, apoi să se folosească de durerea sa pentru a se răzbuna pe cea care îl iubește, ducând-o până acolo încât să-și recunoască o vină pe care nu o are. Răzbunarea emoțională spune: „Dacă eu mă simt rănit de tine, atunci ești vinovat". Nu poate nimeni să se apere față de o astfel de acuzație. Persoana rănită a devenit Dumnezeu. Sentimentul ei a devenit judecător și jurat în același timp. Adevărul nu mai contează. Tot ceea ce contează este suferința suverană a celui îndurerat. Ea este dincolo de orice îndoială. Acest instrument emoțional este un mare rău. L-am văzut adesea manifestându-se în cele trei decenii de lucrare a mea și sunt gata să îi apăr pe oamenii care sunt acuzați pe nedrept prin intermediul ei."[6]

Într-o vreme în care lipsa de fericire personală este adesea considerată drept eșecul altcuiva, unii oameni pătrund în biserică în căutarea unui țap ispășitor. Iar liderii bisericii sunt o pradă ușoară. Percepția mânioasă a oamenilor cu privire la liderii lor este, în mintea lor, așa cum Dr. Piper sugerează, confuză din punct de vedere logic, dar convingătoare din punct de vedere psihologic și, de aceea, ei sunt gata să le transmită această percepție și altor oameni. Apoi, în numele „reconcilierii", acei lideri ar putea să simtă presiunea de a mărturisi drept păcat unele aspecte ale lucrării lor care, în realitate, sunt fidele Evangheliei și iubitoare în ce privește congregația lor.

6.4. NIȘTE VRĂJMAȘI ȘI UN PRIETEN

Din nou, haideți să rămânem smeriți și să ne recunoaștem cu onestitate orice eșec. Totuși, 2 Corinteni 2:15-16 ne învață că opoziția de care avem parte poate să indice destul de bine cât de credincioși suntem noi Evangheliei provocatoare a Domnului nostru.

Da, aici, pe pământ, credincioșia ne aduce vrăjmași. Dar credincioșia are de asemenea un Prieten și Avocat acolo sus:

> „Ferice va fi de voi când, din pricina Mea, oamenii vă vor ocărî, vă vor prigoni, și vor spune tot felul de lucruri rele și neadevărate împotriva voastră! Bucurați-vă și veseliți-vă, pentru că răsplata voastră este mare în ceruri; căci tot așa au prigonit pe proorocii, care au fost înainte de voi" (Matei 5:11-12).

CAPITOLUL 7

CALEA ÎNAINTE

„Ei Îl urmează pe Miel oriunde merge El" (Apocalipsa 14:4).

Nicăieri în această lume nu există un adevăr atât de solid ca doctrina Evangheliei, nici vreo comunitate atât de umană precum cultura Evangheliei; nimic care să atragă atâta împotrivire și totuși să fie atât de răscumpărătoare precum cele două, și nimic atât de vrednic de devoțiunea noastră cea mai înaltă.

Sper că ești convins de faptul că doctrina Evangheliei este fidelă Bibliei și că, la rândul ei, cultura Evangheliei îi umanizează pe oameni. Dacă așa stau lucrurile, atunci ce urmează? Ce se cere de la noi? Ce trebuie să se petreacă cu Evanghelia, pe care noi o iubim, pentru ca bisericile, pe care le iubim la fel, să fie înnoite?

EVANGHELIA

Având în vedere corupția inimilor noastre (Ieremia 17:9), primul lucru de făcut este să îngenunchem înaintea lui Dumnezeu și să Îl implorăm cu smerenie să continue să lucreze în noi. Noi toți ne aflăm la doar cinci minute distanță de dezastrul moral și în slujire. Haideți să fim realiști despre cât de contrare pot fi dorințele noastre față de căile lui Dumnezeu. Nici eu și nici tu nu suntem mântuitori. Există un singur Mântuitor. De aceea, trebuie să ne adăpostim chiar acum în brațele Lui, și să nu ne oprim niciodată din a face aceasta, clipă de clipă, câtă vreme avem suflare. Francis Schaeffer obișnuia să spună: „Nu noi construim Împărăția lui Dumnezeu. El Își zidește Împărăția, iar noi ne rugăm pentru privilegiul de a fi implicați."

Din mulțimea de oportunități pe care ni le oferă în harul Său, eu văd că există trei comori simple pe care le putem avea noi toți și bisericile noastre: puterea, curajul și dragostea. Nu cred că este posibilă înaintarea fără ele. Acestea trei sunt biblice. Nu implică bani și nici vreun stil anume de închinare. Ele pot să funcționeze în orice biserică din orice denominație, atâta vreme cât însăși Evanghelia – și doar Evanghelia – rămâne în centrul definitoriu al acelei biserici.

Dacă am suferit pierderea tuturor lucrurilor pentru a-L câștiga pe Hristos – dacă nu mai avem niciun ego de protejat și nimic din meritele noastre de apărat – atunci suntem liberi să primim puterea, curajul și dragostea Lui. Acestea depășesc orice lucru din această lume, pentru că vin din lumea de dincolo.

CAPITOLUL 7. CALEA ÎNAINTE

Cât de convingător ar fi ca bisericile noastre să spună: „nu facem nici măcar un pas înainte fără puterea, curajul și dragostea Evangheliei, doar spre gloria lui Hristos. Nu mai putem rămâne la fel!"

Haideți să ne gândim la aceste trei comori.

7.1. PUTEREA

Prima este puterea. Evanghelia este puterea lui Dumnezeu (Romani 1:16), iar Isus le-a spus ucenicilor Lui că aveau să fie „îmbrăcați cu putere de sus" (Luca 24:49). În ziua Cincizecimii, „deodată a venit din cer un sunet ca vâjâitul unui vânt puternic, și a umplut toată casa unde ședeau ei" (Faptele Apostolilor 2:2). Acea putere nu a venit de la vreun predicator, de la oameni sau de la grupul de închinare. Ea a venit din cer, dintr-o dată, fără vreo altă explica-ție, iar Dumnezeu era prezent în ea.

Cum am putea să ducem mai departe Numele lui Hristos fără puterea lui Hristos?

Dacă scopurile noastre nu se ridică mai sus decât avem noi capacitatea să le ducem, prin abilitatea noastră de organizare și gândire, atunci ar trebui să transformăm bisericile noastre în centre comunitare. Dar dacă am obosit văzându-ne neputincioși, cu toate meritele și strălucirea noastră, dacă suntem rușinați de eșecurile noastre, atunci suntem gata pentru darul puterii ce vine de sus.

EVANGHELIA

Noi privim mult prea des puterea lui Dumnezeu ca pe un ingredient care alimentează eforturile noastre. Dar biserica primară nu gândea în felul acesta. Ei vedeau puterea lui Dumnezeu ca fiind intervenția miraculoasă fără de care erau ca niște oameni morți. Ei nu se așteptau nici măcar să vadă cuvintele Evangheliei funcționând în mod automat. Apostolul Pavel a definit lucrarea autentică printre credincioșii din Tesalonic în felul următor: „Evanghelia noastră v-a fost propovăduită nu numai cu vorbe, ci cu putere, cu Duhul Sfânt și cu o mare îndrăzneală" (1 Tesaloniceni 1:5).

Vestirea Evangheliei a produs o confruntare între pretențiile culturii tesalonicene și cele ale unei împărății veșnice. I-a întors pe tesaloniceni de la idolii inventați de ei la slujirea Dumnezeului viu și adevărat (1 Tesaloniceni 1:9). Ideea că Dumnezeu ar putea îmbunătăți cu ceva abilitățile lor prin simpla adăugare a puterii Lui la acestea era cel mai îndepărtat gând în mințile acestor credincioși.

Cum am putea să pătrundem mai mult în puterea lui Dumnezeu? Răspunsul va fi întotdeauna unul simplu. Tot ce putem face este să mergem înapoi la Domnul nostru și la harul Său: „întărește-te în harul care este în Hristos Isus" (2 Timotei 2:1).

Ți se pare prea ușor un astfel de răspuns, chiar o bagatelă? Atunci încearcă-l. Nu este niciodată ușor. Presupune respingerea intenționată a oricărei alte surse de putere, cu excepția exclusivă a harului lui Hristos. O astfel de respingere este contrară gândirii creștinilor

CAPITOLUL 7. CALEA ÎNAINTE

pragmatici, siguri pe sine și puși pe treabă. Iscusința noastră pare să promită întotdeauna un impact mai mare. Dar acea iscusință, în fapt, este o problemă mascată într-un fel uimitor drept o valoare a noastră. Bătălia reală ce se duce în vremurile noastre este atât de profundă încât nu poate fi câștigată decât prin harul care se găsește doar în Hristos Isus. Toate celelalte arme de război conduc la abandon, înfrângere, fugă și rușine. Dar, întăriți prin harul Lui, vom păși înainte din biruință în biruință.

Întrucât aici ne gândim la puterea lui Dumnezeu, ai putea să te aștepți să te chem la mai multă rugăciune. Da, să ne rugăm mai mult! Nu Îl vom experimenta niciodată pe Dumnezeu fără să depindem de Dumnezeu și fără să apelăm la Dumnezeu. Păstorul Eric Alexander, din Biserica Scoției, explică felul cum, în realitate, rugăciunea ajută lucrarea noastră: „Rugăciunea este esența lucrării la care Dumnezeu ne cheamă. Noi vorbim frecvent despre rugăciunea pentru lucrare, dar, în esență, rugăciunea este adevărata lucrare."[1]

Astăzi a devenit o raritate să vezi pasiunea pentru rugăciune considerată esența lucrării Evangheliei. Dar eu mai cred și că este greșit să încerci să forțezi oamenii să se roage. O astfel de atitudine nu produce decât o răbufnire de entuziasm, care se stinge foarte curând. Nu cunosc decât o singură cale infailibilă de a determina o biserică să se roage și să continue să se roage, pentru ca puterea lui Dumnezeu să se coboare peste noi: trebuie să eșuăm.

EVANGHELIA

Avem nevoie să eșuăm atât de drastic și atât de evident, încât să descoperim cât de mult ne încredem în realitate în noi înșine, în loc să ne încredem în Dumnezeu. Avem nevoie să fim șocați de colapsul celor mai bune metode ale noastre. Dar ce catastrofă binecuvântată este aceasta, cu toată ruina și rușinea ei, dacă ea ne întoarce privirile înapoi, către Dumnezeu!

Până și apostolul Pavel a învățat acest lucru pe calea cea grea. Dumnezeu i-a dat o viziune a cerului (2 Corinteni 12:1-4), dar nu acea experiență sacră i-a asigurat accesul la puterea lui Dumnezeu. Dimpotrivă, „țepușul din carne" a fost durerea care l-a adus la slăbiciune (v. 5-10). Și acolo, în nevoia lui disperată, Dumnezeu l-a întâlnit cu putere. Apoi lucrarea lui s-a lansat mai viguros ca niciodată. „De aceea, simt plăcere în slăbiciune, în defăimări, în nevoi, în prigoniri, în strâmtorări, pentru Hristos. Căci când sunt slab, atunci sunt tare" (v. 10).

Iată care sunt, deci, alternativele pe care le avem clipă de clipă înaintea noastră: Dorim să impresionăm? Ne vom aștepta să avem controlul complet asupra situației? Ne vom asigura că vom ieși întotdeauna învingători? Sau vom fi fericiți lăsând ca puterea lui Hristos să se odihnească peste noi, în slăbiciunea noastră fără sfârșit? „Niciun om nu poate să ofere în același timp impresia că este priceput prin el însuși, și că Isus Hristos este puternic în mântuire"[2]. Și asta se aplică în egală măsură oricărei biserici.

CAPITOLUL 7. CALEA ÎNAINTE

7.2. CURAJUL

Cea de-a doua comoară este curajul. Isus a spus: „oricine va vrea să-și scape viața, o va pierde; dar oricine își va pierde viața din pricina Mea și din pricina Evangheliei, o va mântui" (Marcu 8:35).

Există o singură cale prin care Îi putem sluji Domnului nostru – cu dedicare totală, indiferent care ar fi costul, „pentru ca în toate lucrurile să aibă întâietatea" (Coloseni 1:18). Henry Drummond obișnuia să spună: „Nu te atinge de creștinism până nu ești gata să cauți mai întâi Împărăția cerurilor. Dacă o vei pune pe al doilea loc, îți promit o existență mizeră."[3]

Evanghelia nu avansează niciodată fără ca cineva să plătească un preț. Este nevoie de curaj pentru a trăi în realitatea acelui cost, dar acest lucru este deopotrivă eliberator. Nu mai suntem amețiți de interesele proprii, nu mai suntem ținuți captivi de succesele din trecut, nu mai suntem intimidați de eșecurile anterioare. Dimpotrivă, suntem liberi să alergăm în cursa ce ne stă înainte, privind doar la Isus.

De aceea, trebuie să ne relocăm mental pe linia de start a acelei curse, la piciorul muntelui pe care îl vom urca, și să ne bucurăm de aceasta ca de marea aventură a vieții – apoi să facem următorul lucru dificil.

Măreția lui Hristos dă naștere curajului în noi. Pavel scria: „uitând ce este în urma mea, și aruncându-mă spre ce este înainte"

(Filipeni 3:13-14). Așa gândește creștinul *matur*. El este pătruns de Evanghelie și devine dornic, deschis, îndreptându-și privirea înainte.

Un păstor matur nu își tratează biserica precum o pereche de zaruri, ci el este deschis în mod sincer unei cercetări și reformări de substanță a acelei biserici. Orice păstor ar trebui să fie înțelept întrebându-se: „Care sunt acele lucruri din biserica noastră care merită protejate cu orice preț?" Unele lucruri se încadrează aici, dar altele nu.

Dacă ești un lider în biserică și te-ai așezat liniștit în lucrarea ta, măcinând la o rutină plictisitoare, ridicându-ți salariul regulat și așteptând obosit retragerea la pensie, problema ta nu ține de lipsa oportunităților. Problema ta este că ai pierdut din vedere gloria lui Isus. Te-ai mulțumit cu lucruri mărunte. Trebuie să te pocăiești de orice slavă inferioară și să slujești Domnului tău din nou, cu o predare bucuroasă în brațele Sale.

Dacă nu simți decât o măruntă nerăbdare pentru o nouă binecuvântare asupra bisericii tale, poate că ai uitat a cui este biserica. Nu este a ta. A fost cumpărată cu un preț, și ea aparține Altuia. Lasă-L să lucreze în felul Lui, doar după Cuvântul Său și doar pentru gloria Sa. Încrede-te în El ca, odată cu orice comoară falsă pe care o abandonezi, El să te binecuvânteze peste măsură, cu bogății spirituale autentice.

CAPITOLUL 7. CALEA ÎNAINTE

Principala barieră în calea lucrării Evangheliei prin intermediul bisericii tale nu provine din lume, ci din însăși biserica ta. Într-o anume măsură, fiecare biserică împiedică și afectează Evanghelia, chiar și atunci când intenționează să o ducă mai departe. Așa că fiecare dintre bisericile noastre trebuie să se cerceteze. Apoi va trebui să facem orice schimbare, oricât de dureroasă, oricât de deranjantă, oricât de provocatoare, din dragoste pentru Domnul Isus Hristos. El va onora curajul nostru, pentru că izvorăște din credință.

Scriptura ne prezintă biserica primară prețuind curajul chiar mai presus decât viața (Faptele Apostolilor 4:23-31). Cât de extraordinar este ca bisericile noastre să Îl pună pe Domnul pe primul loc, sigure că El va duce la îndeplinire scopurile Evangheliei, pentru noi. Este un lucru care produce bucurie când o biserică este unită și se ridică spunând: „Nu știm cu precizie cum se vor sfârși lucrurile, dar avem de gând să ne punem încrederea în Domnul și să mergem înainte, pentru că tot ceea ce contează pentru noi este să vedem manifestată mai mult slava lui Hristos în lumea de astăzi."

Curajul acesta nou începe întotdeauna cu liderii. Așa cum sunt liderii, așa va ajunge în final întreaga lor biserică. Dacă liderii se ocupă doar de afaceri, atunci închinarea bisericii va deveni o afacere. Dar dacă liderii sunt curajoși pentru Hristos, și biserica lor va fi așa. John Heuss, un păstor episcopalian din secolul trecut, ne transmite câteva gânduri utile:

EVANGHELIA

„Sunt din ce în ce mai convins de faptul că nicio parohie nu poate să își împlinească rolul adevărat dacă în însăși centrul vieții ei nu există o comunitate mică de creștini schimbați, convertiți cu adevărat și fanatici într-un sens bun. Problema multor biserici este că nimeni, nici măcar păstorul, nu este cu adevărat schimbat. Dar chiar și acolo unde există un slujitor devotat, care se jertfește pe sine în inima închinării, nu se petrec prea multe lucruri până când nu se formează o comunitate de bărbați și femei schimbați... Noi nu avem nevoie de oameni obișnuiți. Oamenii obișnuiți nu pot să câștige pentru Hristos un oraș ca New York, în fața vieții păgâne și brutale a acestuia. Avem nevoie de niște fanatici în sensul bun al cuvântului."[4]

Și nu sunt doar vorbele unui episcopalian. Howard Guinness, un lider timpuriu al InterVarsity Christian Fellowship, ne provoacă într-un mod asemănător:

„Unde sunt bărbații care să spună „nu" eului, care să ia crucea lui Hristos și să meargă după El,... care să fie dispuși, dacă este nevoie, să sângereze, să sufere și să moară pe ea?... Unde sunt aventurierii, exploratorii și eroii lui Dumnezeu, care să socotească valoarea sufletului unui singur om mai presus decât orice, mai presus chiar decât ridicarea sau căderea unui imperiu?

CAPITOLUL 7. CALEA ÎNAINTE

Unde sunt bărbații care să fie dornici să plătească prețul acelei viziuni mărețe?... Unde sunt azi bărbații lui Dumnezeu, care să acționeze cu puterea lui Dumnezeu?"[5]

În final, iată sfatul lui Jonathan Edwards, adresat nouă tuturor:

„Există două lucruri ce sunt urgent de necesare în slujitori, dacă vor să producă o înaintare mare a Împărăției lui Hristos, și acestea sunt zelul și hotărârea. Influența și puterea lor de a produce schimbare sunt mai mari decât credem noi. Un om cu abilități obișnuite va reuși mai multe lucruri, atunci când are zel și este hotărât, decât un om de zece ori mai priceput, dar fără zel și hotărâre... Oamenii care au aceste calități pot să își împlinească în mod obișnuit toate îndatoririle lor, zi de zi. Majoritatea lucrurilor mărețe care au fost făcute vreodată în lume, majoritatea hotărârilor care au fost împlinite în împărățiile și regatele acestei lumi, sunt datorate în primul rând zelului și hotărârii. Însăși imaginea personalității intens implicate, alături de un curaj neînfricat și de o hotărâre neclintită, văzute într-o persoană care și-a asumat rolul de lider în orice lucru omenesc, ajung să îl însoțească pe acesta îndelung pe calea împlinirii scopului propus... Când oamenii văd un zel puternic și o hotărâre mare într-o persoană, acestea îi uimesc și au o influență aproape poruncitoare asupra lor... Dar când suntem reci și fără inimă, lucrând cu plictiseală în noi, într-o modalitate formală, nu vom împlini nimic măreț. Eforturile noastre, când ele manifestă o astfel de răceală și lipsă de hotărâre, nu vor fi în stare nici măcar să-i facă pe oameni să se gândească că ar putea să dureze prea mult... Imaginea acestei indiferențe și lașități mai degrabă produce împotrivire."[6]

7.3. DRAGOSTEA

Cea de-a treia comoară necesară bisericii este dragostea. „Tot ce faceți, să fie făcut cu dragoste" (1 Corinteni 16:14). În acea singură propoziție, apostolul Pavel însumează toată doctrina Evangheliei pe care a predicat-o în prima epistolă către Corinteni, ducând-o la o concluzie practică. Frumusețea dragostei este cununa unei biserici bine învățate.

Și cum ar putea fi altfel? Hristos Însuși este cu totul vrednic de iubit. În predica sa cu același titlu, John Flavel ne ajută să vedem frumusețea fără egal și fără pată a Domnului nostru:

> „Hristos le depășește într-un fel infinit până și pe cele mai superioare și mai atrăgătoare ființe create. Indiferent care ar fi frumusețea ce se găsește în ele, aceasta nu poate să nu aibă și un gust respingător. Până și cea mai frumoasă pictură își are umbrele ei. Cele mai rare și mai strălucitoare pietre prețioase trebuie să își aibă și petele lor întunecate, care le încețoșează frumusețea.

CAPITOLUL 7. CALEA ÎNAINTE

Cea mai frumoasă creatură este, în cel mai fericit caz, pătată de lucruri amare. Acolo unde există ceva plăcut, există și ceva dezgustător. Dacă o persoană ar fi caracterizată de orice fel de frumusețe, prin natura ei și prin har, frumusețe care să ne atragă, există totuși în ea și un anumit aspect care ține de corupția naturală, care ne determină să ne întoarcem privirea de la ea. Dar nu așa stau lucrurile cu Hristos, Cel ce este cu totul frumos. Perfecțiunile Sale sunt pure și neamestecate. El este o mare de dulceață, lipsită până și de cea mai mică picătură de amărăciune."[7]

Acesta este Hristos. Pentru noi, El va fi mereu ca o mare nesfârșită de dulceață. Niciodată nu vom putea să gustăm în El nici măcar o picătură de amărăciune. Nu există nimic în Hristos față de care trebuie să ne îngrijorăm. El este cu totul suav și plăcut.

Implicațiile pentru noi, în ce privește relațiile interumane, sunt surprinzătoare. Hristos, care este „în sânul Tatălui" (Ioan 1:18), a venit în această lume brutală. El este prezent astăzi în Biserica Lui, și arată aceasta. El aduce blândețe, sensibilitate, înfrânare, sinceritate și grijă altruistă în relațiile dintre noi. Noi eșuăm față de El în multe feluri, dar Îi aparținem Aceluia care este cu totul atrăgător, ceea ce înseamnă că nu poate exista nimic ieftin, urât, de slabă calitate sau de mică valoare în legătură cu noi, care n-ar trebui corectat imediat, prin Evanghelia Sa. Cum vor vedea oare oamenii de pe pământ frumusețea adevărată a Căpeteniei noastre, dacă trupul Lui de aici, de pe pământ, este pătat de urâțenie, asemenea oricărui alt lucru din această lume? Nu avem niciun drept să desfigurăm chipul Său din noi. Frumusețea dragostei are autoritate printre ucenicii lui Hristos.

Isus ne-a spus că lumea necredincioasă ne va identifica drept creștini doar atunci când noi reflectăm dragostea Lui. El a spus: „Vă dau o poruncă nouă: Să vă iubiți unii pe alții; cum v-am iubit Eu, așa să vă iubiți și voi unii pe alții. Prin aceasta vor cunoaște toți că sunteți ucenicii Mei, dacă veți avea dragoste unii pentru alții" (Ioan 13:34-35).

Porunca lui Hristos este să ne iubim unii pe alții. Exemplul Său ne arată că trebuie să murim unii pentru alții. Promisiunea lui Hristos este că dragostea noastră îi va arăta lumii sceptice influența pe care El o are în mod real asupra noastră. Dragostea este modalitatea prin care Hristos ne dă autoritatea să fim convingători. Oamenii de astăzi nu sunt interesați de doctrine, dar vor observa dragostea. Lumea nu este impresionată de nimic în legătură cu noi, cu excep-ția dragostei lui Hristos. Și nici nu ar trebui să fie altfel. Dacă noi eșuăm să ne iubim unii pe alții în modalități atât de izbitoare încât să începem să arătăm ca Isus, atunci lumea are dreptul să ne judece, pretinzând că nu Îl cunoaștem. Da, lumea ar putea greși. Noi am putea fi cu adevărat creștini. Dar lumea are dreptate să îi respingă pe creștinii lipsiți de dragoste, etichetându-i drept necre-

CAPITOLUL 7. CALEA ÎNAINTE

dincioși. Însuși Isus i-a dat acest drept.

Isus a spus chiar mai mult. În Ioan 17, El nu S-a rugat pentru rasa omenească în general, ci pentru poporul Său: „Pentru ei Mă rog. Nu Mă rog pentru lume, ci pentru aceia, pe care Mi i-ai dat Tu; pentru că sunt ai Tăi... Mă rog ca toți să fie una, cum Tu, Tată, ești în Mine, și Eu în Tine; ca, și ei să fie una în noi, pentru ca lu- mea să creadă că Tu M-ai trimis" (Ioan 17:9, 21). Realitatea finală din Dumnezeirea eternă este o comunitate iubitoare, Tatăl una cu Fiul, Fiul una cu Tatăl. Lumea nu experimentează în niciun fel o astfel de unitate intensă, personală și de nedespărțit. Lumea este divizată, mânioasă, tensionată și fericită în mod selectiv. Lumea nu crede nici măcar că unitatea reală poate exista vreodată. Ea n-a văzut niciodată așa ceva. Tot ceea ce lumea știe dintotdeauna este dictonul „câinii se mănâncă între ei". Dar Isus S-a rugat pentru noi, Biserica Sa, ca noi să fim un fel nou de comunitate aici, în această lume. El S-a rugat ca bisericile noastre să fie dovada vie a realității finale de dincolo de lumea aceasta, așa încât tot mai mulți oameni să privească dincolo de lumea aceasta și, văzând în bisericile noastre – da, în bisericile noastre! – o reflectare a unității Tatălui cu Fiul, să creadă Evanghelia.

Atunci când profunzimea rugăciunii Domnului nostru ne atinge inimile, putem să ne gândim la toate aceste lucruri fără să ne întristăm? Cât de justificat privește lumea la bisericile divizate și gândește:

„Când veți descoperi voi, creștinii, cum să trăiți împreună, atunci să veniți să stăm de vorbă. Până atunci, nu ne interesează!" Ceea ce se află pus în joc printre noi, creștinii, nu este nimic altceva decât mărturia că Tatăl L-a trimis pe Fiul. De aceea, în joc nu se află doar credibilitatea noastră, ci și credibilitatea lui Hristos, ca Acela trimis de Dumnezeu.

Unitatea din interiorul bisericilor noastre, ca și cea dintre toți creștinii adevărați, izvorâtă din dragoste, nu este un lucru mărunt, în caz că am gândi în felul acesta. Unitatea noastră Îl înalță pe Isus înaintea privirii lumii întregi, arătându-L ca adevăratul Fiu al lui Dumnezeu, trimis de la Tatăl – și astfel toate pretențiile Lui devin convingătoare, toate scopurile Lui devin atrăgătoare și toate promisiunile Lui devin inevitabile. Acest lucru a fost suficient de important pentru ca Isus *să Se roage pentru el*. Noi ne rugăm pentru asta? Împărtășim noi pasiunea Lui? Sau o tratăm ca pe o opțiune, concentrându-ne în schimb pe prioritățile noastre?

Prin unitatea cu toți creștinii adevărați de pretutindeni, noi aducem o mărturie vie a lui Isus, ca Fiu al lui Dumnezeu. Această dragoste pentru toate bisericile adevărate nu implică, cred eu, o asemănare instituțională, dar ne cere în mod sigur o identificare emoțională. Bisericile noastre ar trebui să se bucure de succesele altor biserici și să fie triste de eșecurile altora. Ar trebui să vorbim frumos unii de alții, dincolo chiar de liniile de demarcație denominaționale

CAPITOLUL 7. CALEA ÎNAINTE

și să ne smerim înaintea ochilor noștri, uitând de rănile din trecut și promovând binele comun, prin Evanghelie. Iată două ilustrații ale unor lucruri practice pe care le putem face în direcția unei unități reale. Prima vine din partea unui păstor din orașul meu, Nashville, care a actualizat recent pagina de internet a bisericii. Una dintre paginile acesteia este intitulată „#aceeașiechipă"[9]. Textul sună așa:

> „Chiar dacă ne-ar face plăcere să fii parte din familia bisericii CPC, știm că este nevoie de toate felurile de biserici pentru a ajunge la toate felurile de oameni. Împărăția lui Dumnezeu este mult mai largă decât o denominație sau biserică anume! Dacă, indiferent de motiv, te-ai hotărât ca CPC să nu fie biserica ta, există multe alte biserici bune pe care am putea să ți le recomandăm. Iată câteva dintre ele..."

Apoi pagina de internet oferă o serie de trimiteri la website-uri ale unor biserici diferite din oraș – prezbiteriene, baptiste, anglicane și independente, toate unite în Evanghelie. Această pagină de internet este un răspuns clar la rugăciunea Domnului nostru pentru unitatea noastră. Și este de neconceput ca această generozitate altruistă a inimii să fie ignorată. Dragostea este întotdeauna convingătoare. Acest păstor aduce o mărturie în favoarea autorității Fiului lui Dumnezeu, prin solidaritatea lui publică cu ceilalți creștini adevărați.

EVANGHELIA

A doua ilustrație se referă la împăcare. Întrucât noi nu ne iubim totdeauna unii pe alții cu frumusețea care să atragă privirile oamenilor, ar trebui să ne confruntăm cu onestitate eșecurile. Ar trebui să vindecăm relațiile noastre frânte pe cât de bine putem (Romani 12:18). Este trist când „frații nedreptățiți sunt mai greu de câștigat decât o cetate întărită, și certurile lor sunt tot așa de greu de înlăturat ca zăvoarele unei case împărătești" (Proverbe 18:19). O, „cât de ușor este să construim ziduri invizibile ale înstrăinării, și cât de dificil să le demolăm!"[10] Cuvintele și faptele dure rămân în memorie zeci de ani, afectând până și următoarea generație. Timpul nu șterge nimic.

Dar Hristos poate să răscumpere totul. Atunci când o ofensă frânge unitatea iubitoare a trupului lui Hristos, trebuie să urmăm învățăturile Sale clare: „Luați seama la voi înșivă! Dacă fratele tău păcătuiește împotriva ta, mustră-l! Și dacă-i pare rău, iartă-l! Și chiar dacă păcătuiește împotriva ta de șapte ori pe zi, și de șapte ori pe zi se întoarce la tine și zice: ,Îmi pare rău!' - să-l ierți" (Luca 17:3-4). Există o înțelepciune profundă în aceste cuvinte simple. Ele merită meditația noastră atentă. Domnul nostru este foarte clar aici, lucru de care avem nevoie. Atunci când am greșit unii față de alții sau ne-au greșit alții, avem tendința să facem evaluări complicate asupra dificultății situației. Ne legăm cu noduri de reguli și proceduri și, în spatele acestora, lăsăm să domnească frica și mândria. Dar dacă inimile noastre sunt pline de amărăciune, toată co-

CAPITOLUL 7. CALEA ÎNAINTE

rectitudinea procedurală de pe pământ nu va reuși să restaureze dragostea. Din fericire, înțelepciunea simplă a Domnului nostru strălucește atunci când inimile noastre sunt maleabile. El ne arată cum să începem să ne apropiem unii de alții, probabil cu atenție la început, dar, atunci când inimile sunt zdrobite, apropierea va veni cu putere vindecătoare.

În acest sens, am fost ajutat de East Africa Revival și insistența lor pe „umblarea în lumină". Episcopul Festo Kivengere, de exemplu, ne povestește cum l-a schimbat Domnul într-o situație.

> „Într-o vreme, William Nagenda și eu aveam împreună un itinerar de predicare epuizant în afara țării. De-a lungul acestuia, am început să fiu gelos pe succesul fratelui meu. Devenisem cinic cu privire la tot ce spunea el. Fiecare propoziție era greșită, lipsită de gramatică sau nescripturală. Gesturile lui mi se păreau ipocrite. Orice lucru pe care-l făcea fratele meu era greșit, greșit, greșit. Cu cât mai mult îl criticam, cu atât mai rece deveneam. Devenisem de gheață, singuratic și îmi era dor de casă. Mă aflam sub cercetarea Duhului Sfânt, dar am căutat să merg mai departe justificându-mă și învinuindu-l pe William. În final, m-am pocăit și aveam de înfruntat dificila sarcină de a-mi recunoaște atitudinea greșită față de el. Eram pe punctul de a pleca la o întâlnire unde trebuia să predicăm împreună, moment în care i-am spus, „William, îmi pare rău.

Îmi pare foarte rău. Cred că ai simțit răceala mea". „Da, am simțit răceala, dar nu știam ce se petrecea. Ce s-a întâmplat?" „Devenisem gelos pe tine. Te rog, iartă-mă!" În acea clipă, fratele meu drag s-a ridicat, m-a îmbrățișat, și amândoi am vărsat lacrimile împăcării. Inima mea s-a încălzit, apoi am predicat împreună, iar mesajul lui mi-a vorbit profund."[11]

Versetul care a înnoit continuu dragostea creștinilor africani era: „Dar dacă umblăm în lumină, după cum El însuși este în lumină, avem părtășie unii cu alții; și sângele lui Isus Hristos, Fiul Lui, ne curăță de orice păcat" (1 Ioan 1:7). O inimă rece față de Dumnezeu este o inimă ce crește în răceală față de alții. Ea se angajează în comparații nemiloase și în vânători nesfârșite a greșelilor în celălalt. De aceea, restaurarea începe prin a merge în primul rând înapoi la Dumnezeu, ca niște fii rătăcitori.

Lucrul uimitor este că, atunci când rătăcim de pe cale, Dumnezeu nu este greu de găsit. El Se face foarte ușor de găsit. El este „în lumină" – chiar acolo, în locul adevărului, al onestității, sincerității, mărturisirii și asumării responsabilității. Dumnezeu Însuși ne așteaptă acolo. Noi, păcătoșii, putem să mergem la El nestingheriți, prin crucea lui Hristos. Acolo, în lumină, doar în lumină, relațiile noastre reciproce se îmbunătățesc în orice aspect.

Prețul pe care îl plătim constă în a ne confrunta pe noi înșine. Acest lucru este umilitor și dureros. Și este motivul pentru care

CAPITOLUL 7. CALEA ÎNAINTE

întoarcem spatele luminii. Există evenimente din trecutul nostru la care nu vrem să ne mai gândim – cuvinte dure, acte de trădare, promisiuni neonorate, și poate chiar mai rău. Vrem să aruncăm aceste amintiri departe, în întunericul scuzelor noastre și al îndreptării degetului acuzator spre altcineva. Refuzăm să numim păcatul „păcat". Ne simțim prea amenințați de ceea ce am făcut, încât nu vrem să recunoaștem acest lucru nici chiar față de noi înșine, cu atât mai puțin să îl mărturisim altora. Dar acele locuri ale rușinii extreme sunt locurile în care Domnul Isus ne iubește cel mai fierbinte. Există vreun motiv să nu umblăm împreună în lumina Lui, acolo unde reparăm părtășia reciprocă, iar sângele lui Isus ne curăță de orice păcat?

Este atât de revigorant să ne întoarcem în lumina onestității, unde L-am întâlnit pe Domnul pentru prima dată! Acolo, prietenii cei vechi pot fi recâștigați prin dragoste. Acolo, Isus este înălțat înaintea acestei lumi.

Doctrina Evangheliei creează o cultură a Evangheliei.

MULȚUMIRI SPECIALE

Vreau să le adresez mulțumiri liderilor și membrilor de la Immanuel Church Nashville, comunitatea în care creștem împreună în Evanghelie, atât în doctrina cât și în cultura ei.

Îi mulțumesc lui Mark Dever, Jonathan Leeman și tuturor celor de la 9Marks. Încrederea pe care mi-ați acordat-o invitându-mă să scriu această carte mă umple de sentimentul privilegiului deosebit, dar și de nevrednicia mea profundă.

Le adresez mulțumiri celor de la Crossway Books pentru parteneriatul lor în Evanghelie. Voi Îl puneți pe Domnul pe primul loc, deasupra afacerii, chiar dacă vă ocupați de afacerea voastră cu excelență.

Îi mulțumesc Domnului pentru vocile din trecut care vorbesc

și astăzi – Martin Luther, John Calvin, Charles Haddon Spurgeon, Martyn Lloyd-Jones, Francis Schaeffer, Festo Kivengere și în mod special tatălui meu.

Îi mulțumesc soției mele, Jani, pentru că a purtat alături de mine povara, cu bucurie și rugăciune. Draga mea, doar tu știi cum.

NOTE

Introducere

1. William Tyndale, "A Pathway into the Holy Scripture," în *Doctrinal Treatises* (Cambridge: The University Press, 1848), 8.

2. F. Blass and A. Debrunner, *A Greek Grammar of the New Testament and Other Early Christian Literature*, trans. Robert W. Funk (Chicago: The University of Chicago Press, 1973), § 119(1).

3. Whittaker Chambers, *Witness* (New York: Random House, 1952), 14.

4. D. Martyn Lloyd-Jones, *What Is an Evangelical?* (Edinburgh: Banner of Truth, 1992), 9–10. Lloyd-Jones continuă: „Poziția

majorității bisericilor protestante de astăzi este aproape la extrema cealaltă a poziției lor de la momentul când au apărut... Este inutil să presupunem că, pentru că un lucru a început corect, el va continua să fie așa. Între timp intră în scenă un proces, cauzat de păcat și de cel rău, care tinde să producă nu doar schimbare, ci chiar degenerare."

5. Francis A. Schaeffer, "How Heresy Should Be Met," *Reformation Review*, July 1954, 9. subl. originală.

6. A. W. Tozer, *Keys to the Deeper Life* (Grand Rapids: Zondervan, 1965), 8.

7. Raymond C. Ortlund, "Revival," Lake Avenue Congregational Church, February 1, 1976.

Capitolul 1. Evanghelia pentru tine

1. Francis A. Schaeffer, *The Church Before the Watching World* (Downers Grove, IL: InterVarsity Press, 1971), 62.

2. Francis A. Schaeffer, *The Church at the End of the Twentie- th Century* (Downers Grove, IL: InterVarsity Press, 1970), 107.

3. "Q&A: Anne Rice on Following Christ without Christianity," christianitytoday.com, August 17, 2010.

4. Greg Gilbert, *What Is the Gospel?* (Wheaton, IL: Crossway, 2010), 37–38.

5. John Piper, *Desiring God: Meditations of a Christian He- donist* (Portland, OR: Multnomah Press, 1986), 78.

NOTE

6. A. W. Tozer, *The Knowledge of the Holy* (New York: Harper & Row, 1961), 9.

7. Marcus Dods, *The Book of Genesis* (New York: A. C. Armstrong and Son, 1902), 161.

8. Reynolds Price, *Letter to a Man in the Fire* (New York: Scribner, 1999), 54.

9. W. H. Auden, *Selected Poems* (New York: Vintage, 2007), 96.

10. Lauren Slater, "The Trouble with SelfEsteem," *The New York Times*, February 3, 2002, www.nytimes.com/2002/02/03/magazine/thetroublewithself-esteem.html.

11. C. S. Lewis, *Mere Christianity* (New York: Macmillan, 1958), 40–41.

12. A. B. Bruce, *The Humiliation of Christ* (Edinburgh: T. & T. Clark, 1905), 334.

13. Octavius Winslow, *Personal Declension and Revival of Religion in the Soul* (London: Banner of Truth, 1962), 183–84. Subl. orig.

14. Gerhard O. Forde, *Justification by Faith: A Matter of Death and Life* (Philadelphia: Fortress Press, 1982), 22.

15. Jonathan Edwards, *Works* (Edinburgh: Banner of Truth, 1979), I:687.

Capitolul 2. Evanghelia pentru biserică

1. O definiție fidelă a bisericii, cu mai multe detalii, este dată în Jonathan Leeman, *Church Membership: How the World Knows Who Represents Jesus* (Wheaton, IL: Crossway, 2012), 52.

2. Emily Esfahani Smith, "Relationships Are More Important Than Ambition," *The Atlantic*, April 16, 2013, www.theatlantic.com/health/archive/2013/04relationshipsaremoreimportantthanambition/275025/.

3. C. S. Lewis, "Membership," în *The Weight of Glory* (New York: HarperCollins, 2001), 174–75.

4. John Flavel, *The Whole Works of the Rev. Mr. John Flavel* (London: W. Baynes and Son, 1820), I:61.

5. Traducerea ESV este conformă cu versiunea Cornilescu, dar sintaxa frazei în limba greacă ar putea să se traducă și prin „... curățind-o" (lit. NIV). După opinia mea, este mai probabilă această din urmă redare a textului.

6. David Peterson, *Possessed by God: A New Testament Theology of Sanctification and Holiness* (Grand Rapids: Eerdmans, 1995), 52–53.

7. John Owen, *The Works of John Owen* (Edinburgh: Banner of Truth, 1980), II:63. Subl.

8. V. Francis A. Schaeffer, *The Finished Work of Christ* (Wheaton, IL: Crossway, 1998), 173–77.

NOTE

Capitolul 3. Evanghelia pentru tot

1. Harvie Conn, "Views of the City," *Third Way,* September 1989, 24.

2 Lesslie Newbigin, *The Open Secret: An Introduction to the Theology of Mission* (Grand Rapids: Eerdmans, 1995), 30–31.

3. Bob Dylan, "Everything Is Broken," *Oh Mercy* (Columbia Records, 1989).

4. John Calvin, *The Epistle of Paul the Apostle to the Hebrews* (Grand Rapids: Eerdmans, 1980), 9.

5. Jürgen Moltmann, *The Way of Jesus Christ: Christology in Messianic Dimensions* (Minneapolis: Fortress Press, 1993), 98–99. *Pars pro toto* este expresia latină pentru ideea că o parte este reprezentativă pentru un întreg.

6. Dorothy Sayers, citată în D. A. Carson, *The Gagging of God: Christianity Confronts Pluralism* (Grand Rapids: Zondervan, 1996), 53.

7. J. R. R. Tolkien, *The Return of the King* (Boston: Houghton Mifflin, 1994), 901.

8. Festo Kivengere, *Revolutionary Love* (Fort Washington, PA: Christian Literature Crusade, 1983), 60.

9. Jonathan Edwards, *Charity and Its Fruits* (London: Banner of Truth, 1969), 327–28.

10. Augustine, citat în Peter Brown, *Augustine of Hippo* (Berkeley: University of California Press, 1967), 297–98.

11. Martin Luther, citat în Theodore G. Tappert, ed., *Luther: Letters of Spiritual Counsel* (Philadelphia: Westminster Press, 1955), 86–87.

Capitolul 4. Ceva nou

1. Francis Schaeffer, *2 Contents, 2 Realities* (Downers Grove, IL: InterVarsity Press, 1975), 25, 1–32.

2. Christian Smith, *Soul Searching: The Religious and Spiritual Lives of American Teenagers* (Oxford: Oxford University Press, 2005), 162–71.

3. Ibid., 163.

4. Elton Trueblood, *The Incendiary Fellowship* (New York: Harper & Row, 1967), 107–8.

5. Francis A. Schaeffer, *Speaking the Historic Christian Position into the 20th Century* (publicată privat, 1965), 125–26.

6. John Calvin, *Institutes of the Christian Religion*, ed. John T. McNeill, trad. Ford Lewis Battles, Library of Christian Classics, vols. 20–21 (Louisville: Westminster John Knox, 1960), 4.1.21.

7. O discuție detaliată este disponibilă în Jonathan Leeman, *Church Discipline: How the Church Protects the Name of Jesus* (Wheaton, IL: Crossway, 2012).

8. Edmund P. Clowney, *The Church* (Downers Grove, IL: InterVarsity Press, 1995), 30.

9. Peter Collier & David Horowitz, *Destructive Generation:*

Second Thoughts about the Sixties (New York: Summit Books, 1989), 80.

10. Extras din imnul "I Love Thy Kingdom, Lord" de Timothy Dwight, 1800.

11. Mulțumesc lui John Piper pentru sugerarea acestei fraze în corespondența privată.

Capitolul 5. Nu-i ușor, dar e posibil

1. Martin Luther, *A Commentary on St. Paul's Epistle to the Galatians* (London: James Clarke & Co., 1953), 40.

2. Mulțumesc fiului meu, Dr. Eric Ortlund, pentru ajutorul oferit în formularea acestei idei.

3 John Bunyan, *Grace Abounding* (Cambridge: The University Press, 1907), 71–72. Subl. originală.

4. Lit. ESV: „gunoi". Dar există o traducere mai puternică în cadrul KJV, prin termenul „materii fecale". V. Moisés Silva, *Philippians* (Grand Rapids: Baker Book House, 1992), 180.

5. Charles Haddon Spurgeon, "The Church—Conservative and Aggressive," *The Metropolitan Tabernacle Pulpit*, Vol. XII (Pasadena, TX: Pilgrim Publications, 1977), 366. Preached May 19, 1861. subl. originală.

6. A. W. Tozer, "True Faith Brings Committal," în *The Root of the Righteous* (Harrisburg: Christian Publications, 1955), 50.

7. John R. W. Stott, *The Message of Galatians* (London: InterVarsity Press, 1968), 49.

8. Mishnah, Oholoth, 18.7.

9. Paul Tournier, *Guilt and Grace* (New York: Harper & Row, 1962), 15–16.

10. Martin Luther, *Galatians* (Wheaton, IL: Crossway, 1998), 111–12.

Capitolul 6. La ce ne putem aștepta

1. R. V. G. Tasker, *The Second Epistle of Paul to the Corinthians* (Grand Rapids: Eerdmans, 1974), 57.

2. Bruce K. Waltke, *Genesis: A Commentary* (Grand Rapids: Zondervan, 2001), 142. Subl.

3. John Calvin, *The Second Epistle of Paul the Apostle to the Corinthians* (Grand Rapids: Eerdmans, 1980), 35.

4. D. Martyn Lloyd-Jones, *Revival* (Westchester, IL: Crossway Books, 1987), 300.

5. Charles Haddon Spurgeon, "The Two Effects of the Gospel," *The New Park Street Pulpit*, Vol. I (Pasadena, TX: Pilgrim Publications, 1981), 198. Preached May 27, 1855.

6. John Piper, citat în Justin Taylor, "Tozer's Contradiction and His Approach to Piety," *Between Two Worlds* blog, June 8, 2008, thegospelcoalition.org/blogs/justintaylor/2008/06/08/tozerscontradictionandhisapproach_08/.

NOTE

Capitolul 7. Calea înainte

1. Eric J. Alexander, "A Plea for Revival," in *Our Great God and Savior* (Edinburgh: Banner of Truth, 2010), 174. Subl.

2. James Denney, citat în James S. Stewart, *Heralds of God* (New York: Charles Scribner's Sons, 1946), 74.

3. Henry Drummond, citat în Raymond C. Ortlund, *Let the Church Be the Church* (Waco: Word, 1983), 44.

4. John Heuss, *Our Christian Vocation* (Greenwich: The Seabury Press, 1955), 15–16.

5. Howard W. Guinness, *Sacrifice* (Chicago: InterVarsity Press, 1947), 59–60.

6. Jonathan Edwards, "Thoughts on the Revival," în *Works* (Edinburgh: Banner of Truth, 1979), I:424.

7. John Flavel, "He Is Altogether Lovely," în *TheW h o l e Works of the Reverend Mr. John Flavel* (London: Thomas Parkhurst, 1701), I:332.

8. Acest argument, din Ioan 13 și 17, este tratat în Francis A. Schaeffer, *The Mark of the Christian* (Downers Grove, IL: InterVarsity Press, 1970), 7–16.

9. christpres.org/sameteam.

10. Derek Kidner, *The Proverbs: An Introduction and Commentary* (Downers Grove, IL: InterVarsity Press, 1964), 130.

11. Festo Kivengere, citat în Richard K. MacMaster & Donald R. Jacobs, *A Gentle Wind of God: The Influence of the East Africa Revival* (Scottsdale: Herald Press, 2006), 212.

Zidind Biserici Sănătoase

ZIDIND BISERICI SĂNĂTOASE

9Marks există pentru echiparea liderilor bisericilor cu o viziune biblică și resurse practice în vederea glorificării lui Dumnezeu între națiuni, prin intermediul bisericilor sănătoase.

În acest scop, dorim să vedem bisericile caracterizate de următoarele nouă semne ale sănătății:

1. Predicarea expozitivă
2. Teologia biblică
3. Înțelegerea biblică a Evangheliei
4. Înțelegerea biblică a convertirii
5. Înțelegerea și practicarea biblică a evanghelizării
6. Membralitatea biblică în biserică
7. Disciplina biblică a bisericii
8. Ucenicizarea biblică
9. Conducerea biblică a bisericii.

La 9Marks noi scriem articole, cărți, recenzii de carte și un jurnal online. Găzduim conferințe, înregistrăm interviuri și producem diferite alte resurse pentru a ajuta bisericile să reflecte gloria lui Dumnezeu.

Vizitați siteul nostru pentru a descoperi conținut în mai mult de **30 de limbi** și înregistrați-vă pentru a primi gratuit jurnalul nostru online. Vedeți lista completă a siteurilor noastre în alte limbi aici:
9marks.org/about/international-efforts/

9marks.org

www.ingramcontent.com/pod-product-compliance
Lightning Source LLC
Chambersburg PA
CBHW052057110526
44591CB00013B/2247